Malvinas. Historia, conflicto

COLECCIÓN

tanteando al elefante

Director: Julio Vezub

Monjes ciegos examinan un elefante es una parábola originaria de la India y forma parte del acervo jainista, budista, sufi e hindú. Ha sido utilizada para ilustrar la incapacidad del hombre para conocer la totalidad de la realidad. La versión jainista dice:

"Se le pidió a seis ciegos que determinaran cómo era un elefante palpando diferentes partes del cuerpo del animal. El hombre que tocó la pata dijo que el elefante era como un pilar; el que tocó su cola dijo que el elefante era una cuerda; el que tocó su trompa dijo que era como la rama de un árbol; el que tocó la oreja dijo que era como un abanico; el que tocó su panza dijo que era como una pared; y el que tocó el colmillo dijo que el elefante era como un tubo sólido. Un rey les explicó: «Todos ustedes están en lo cierto. La razón por la que cada uno está diciendo diferentes cosas es que cada uno tocó una parte diferente del elefante. Por lo tanto el elefante tiene todas las características que mencionaron»".

El relato ha recibido variados nombres y numerosas interpretaciones e ilustraciones. La elegida es una representación budista. Para la leyenda, según el experto José María Prieto Zamora, el artista recurrió al chino clásico, como hacían los japoneses cultos de los siglos XVII y XVIII: Zhòng máng mō xiàng, que puede traducirse como "Multitud de ciegos inspeccionan/tocan un elefante". Zamora agrega un dato curioso: la caligrafía no dice "monjes" por ninguna parte.

Como proyecto editorial, la colección "Tanteando al elefante" significa asumir la imposibilidad del relato totalizador. Simultáneamente, conocer distintas historias libres de escala sobre personas, poblaciones y acontecimientos en contextos globalizados donde lo local se realza como espacio crítico de resolución.

FEDERICO LORENZ

MALVINAS

HISTORIA, CONFLICTOS, PERSPECTIVAS

sb

Madrid - Santiago - Montevideo - Asunción - Lima - Buenos Aires - Bogotá - México

Lorenz, Federico
Malvinas : historia, conflictos, perspectivas / Federico Lorenz ; prólogo de Julio Vezub. - 1a ed. - Ciudad Autónoma de Buenos Aires : SB, 2022.
148 p. ; 23 x 16 cm. - (Tanteando al elefante / Julio Vezub ; 6)
ISBN 978-987-8918-08-2
1. Historia Argentina. 2. Islas Malvinas. 3. Guerra de Malvinas. I. Vezub, Julio, prolog. II. Título.
CDD 997.11

ISBN 978-987-8384-8918-08-2

Piedras 113, 4º 8 - C1070AAC - Ciudad Autónoma de Buenos Aires
Tel.: (+54) (11) 2153-0851 - www.editorialsb.com • ventas@editorialsb.com.ar

1ª edición, marzo de 2022

Director general: Andrés C. Telesca (andres.telesca@editorialsb.com.ar)
Director de colección: Julio Vezub (vezub@cenpat-conicet.gob.ar)

Imagen de cubierta: "Encounter of a Sealer with a Sea-Lion, in a Tussac Box", en una imagen para "The Falklands Islands", una crónica aparecida en el *Illustrated London News* en abril de 1856.

Queda hecho el depósito que marca la Ley 11.723.

Distribuidores

Argentina: Waldhuter Libros • Pavón 2636 - Ciudad Autónoma de Buenos Aires
(+54) (11) 6091-4786 • www.waldhuter.com.ar • francisco@waldhuter.com.ar
España: Logista • Pol. Ind. La Quinta, Av. de Castilla-la Mancha, 2, Guadalajara
(+34) 902 151 242 • logistalibros@logista.es
México: Lizma • Playa Roqueta # 218, Col. Militar Marte, Iztacalco, México
(+52) (55) 380444 • www.lizmalibros.com.mx
Colombia: Campus editorial • Carrera 51 # 103 B 93 Int 505 - Bogotá
(+57) (1) 6115736 - info@campuseditorial.com
Chile: Alphilia Distribuciones / LaKomuna • Pedro León Ugalde 1433 - Santiago de Chile
(+56) (2) 25441234 - www.https://www.alphilia.cl - contacto@alphilia.cl
Uruguay: América Latina Libros • Av. Dieciocho de Julio 2089 - Montevideo
(+598) 2410 5127 / 2409 5536 / 2409 5568 - libreria@libreriaamericalatina.com
Perú: Heraldos Negros • Jr. Centenario 170. Urb. Confraternidad - Barranco - Lima
(+51) (1) 440-0607 - distribuidora@sanseviero.pe
Paraguay: Tiempo de Historia • Rodó 120 c/Mcal. López - Asunción
(+595) 21 206 531 - info@tiempodehistoria.org

A los predicadores solo les gusta su propia voz.
John Berger, *Confabulaciones*

Qué impertinente era el mundo fuera de su patria portátil.
Pablo De Santis, *Hotel Acantilado*

Querían que comiéramos
de las miguitas del olvido
Pero no quedan palomas
después de una guerra

Pichones de cóndor desgarrando
las tripas de la verdad

Gustavo Caso Rosendi,
"En El Palomar" (*Soldados*)

Contenido

Agradecimientos

Investigar y escribir sobre Malvinas ha sido mi pequeña epopeya personal. Modesta, gris, pero propia y permanente. Las características de esa tarea, junto a otros temas que he investigado, dieron forma a mi trabajo y construyeron mi visión del mundo.

Mi interés por Malvinas me permitió conocer personas generosas, con historias fascinantes, escucha atenta e información precisa. Estudiar sobre las islas me permitió conocerlas y recorrer mi país. Estaré siempre agradecido por eso, por el apoyo y la amistad de muchas personas y por constatar nuestra diversidad. Esas personas me perdonarán que no haga el intento de nombrar a todas, porque cualquier ejercicio en ese sentido sería injusto. Por omisiones de mi memoria, porque a la vez cada gesto debe ser situado en un momento concreto, aunque luego, en ocasiones, cambiaran las cosas. No obstante, al final del recorrido intento que prevalezcan los buenos gestos.

Por este mismo motivo agradezco a los incondicionales, a quienes durante muchos años, a pesar de estar en desacuerdo con mis posturas o decisiones, las respetaron. A quienes leyeron borradores, disintieron, aprobaron, sugirieron, me abrieron sus casas mientras trabajaba o descansaba, porque no hubiera podido nada sin su ayuda. Uno de ellos es mi amigo Julio Vezub, a quien agradezco su minucioso trabajo como editor junto a Andrés Telesca, así como la confianza y el estímulo para que concretara este libro.

Agradezco a mis estudiantes del Colegio Nacional de Buenos Aires. Nada como compartir mis días con ellas y ellos para renovar el compromiso con el conocimiento.

Finalmente, agradezco a quienes siempre me acompañaron. A mis hijos Ana, Vera e Iván, y a mi esposa María Inés. Ellos, más que nadie, fueron testigos y compañeros de alegrías y sinsabores hasta hacerlos propios. Es una forma de amor que espero ser capaz de corresponder.

Prólogo

El rey desnudo a la salida del templo

Julio Vezub

Un nuevo libro de Federico Lorenz, ni su autor, necesitan demasiadas presentaciones. Sí advertencias al lector desprevenido sobre obviedades que no son necesariamente evidentes. Lorenz es, qué duda cabe, la figura maldita de la historiografía argentina contemporánea. Su nombre y su intervención, tanto en relación con la historia de las islas Malvinas como del campo de la historia reciente, produce escozor a ambos lados de la grieta política que atraviesa el país en las últimas décadas. Del lado liberal porque se ocupa de problemáticas y sensibilidades que mayormente no interesan o que sería mejor no agitar para no sumarlas a la agenda crítica de la globalidad desde un país periférico. Del lado nacionalista y populista, porque tanto respecto de Malvinas como del análisis de la represión y la dictadura y la violencia de los años setenta sus investigaciones ponen en crisis a las verdades dogmáticas.

El título de la colección en la que incluimos este ensayo debe en buena medida su inspiración a Lorenz: la parábola del elefante, y su enseñanza sobre la imposibilidad de dar cuenta de los fenómenos complejos de la Historia con visiones parciales, me vino a la mente avistando el archipiélago desde el avión que me llevó a Malvinas en 2016 como parte de un proyecto en el que también participó el autor de este libro. No puedo responsabilizarlo de la revelación desde 13.000 pies de altura en esa mañana sin nubes que permitía ver las islas casi completas dibujadas en el océano como en el mapa, alumbramiento casi místico de esos que solo se alcanzan cuando se está de viaje a un lugar especial, pero sí del marco de ideas que motivaron una búsqueda que combinó el trabajo etnográfico con la pesquisa de documentos para indagar el pasado malvinero y patagónico previo a la guerra de 1982: que era perentorio ir al terreno del tuteo con las personas y el registro de sus historias y sus memorias más allá del corsé de los archivos nacionales si verdaderamente se quería indagar algo. Complejidad metodológica y multidimensional que Lorenz ilustra con la imagen del Cubo de Rubik y el relato de la frustrada tapa de libro que se encontrará en uno de los capítulos, que es elocuente de su actitud como historiador, porque por más difícil que sea y más desarmadas que estén las facetas de una problemática es posible reconfigurarla y explicarla.

Entre las cuestiones que Lorenz ha iluminado con sus trabajos, pero que de tan obvias se tornan opacas para quien prefiere la simplificación, es que la historia de las islas Malvinas no debe quedar acotada a los dos hitos del conflicto entre Gran Bretaña y la Argentina, la colonización de 1833 y la guerra de 1982 ("usurpación" y "derrota"), cualquiera sea el tema que se quiera conocer, marítimo y de larga duración, mundial, socioambiental, diplomático o de la vida y las relaciones de sus pobladores, identidades y representaciones.

Otra evidencia marcada a fuego en las publicaciones del autor, que impacta directamente en las discusiones historiográficas: quienes estudiamos Historia en las universidades argentinas durante las últimas décadas nos hemos habituado a pensar que la nación es un invento, el resultado de una construcción y contingencia histórica que no responde a esencias genéticas ni a "capas geológicas", a la vez que se asume que la disciplina histórica moderna surgió paralela a la emergencia de los Estados nacionales y su legitimación. Hasta aquí el consenso del sentido común académico que, sin embargo, parece olvidarse al pasar de la teoría a la práctica en el caso de los estudios y los pronunciamientos sobre Malvinas, donde es muy difícil siquiera dudar o preguntarse en voz alta cómo es que se fundamenta la nacionalidad de las islas a partir de una historia que se basa en un mito de origen que se data antes de que estuviera conformada la Argentina.

La obra de Lorenz fue pionera al propiciar una nueva corriente de estudios sociohistóricos sobre las islas Malvinas al margen de los abordajes reduccionistas y los apriorismos que achicaban el campo de investigaciones a la ocupación, el reclamo diplomático y la guerra. Sin estar aislada de otras intervenciones que a partir de los años noventa fueron novedosas, la de Lorenz fue la más arriesgada en sus apuestas, itinerarios y definiciones, incluso en sus giros, contradicciones y autocrítica. Esto es lo que hace que sea especialmente atractiva. Si una obra es tomada en su conjunto y no solamente por los libros, artículos y notas periodísticas, sino también por las acciones prácticas, polémicas y políticas, que son las que hacen que el trabajo de investigación, campo y archivo trasciendan, se entenderá mejor el sentido de la interpretación que quiero proponer.

Decisiones que pudieron resultar gravosas para el autor como asumir la dirección del Museo Malvinas e Islas del Atlántico Sur entre 2016 y 2018, devenido desde su fundación como templo de la "causa nacional", y de cómo se la debe honrar, fueron en realidad experiencias que nutrieron sus reflexiones y sus audacias, simultáneas y posteriores. Pasos atrás y adelante que siempre tuvieron como eje una ética profesional e intelectual.

Si se observa el periplo completo, Lorenz fue de los primeros en indagar sobre "las guerras" de Malvinas, proponiendo reconocer los conflictos y enfrentamientos en plural sin solución de continuidad para los protagonistas de 1982. Estuvo entre quienes innovaron en ciencias sociales y humanidades para pensar los problemas de las identidades de los veteranos (no exclusivamente argentinos), pero fue suya la originalidad de vislumbrar que había preguntas que solo se podían resolver o incluso formular en la interlocución con los isleños, despojada de prejuicios y a agenda de conversación abierta. Una propuesta de investigaciones que hoy tiene varias continuaciones entre los y las intelectuales que asumen que para opinar sobre cada problemática hay que conocer en profundidad las diferentes variables y que "Malvinas" no es solamente una cuestión de enfoques ya que el rótulo aloja una pluralidad de temas y problemas, no solamente la soberanía.

Lorenz fue quien prologó *Días difíciles en Malvinas*, autoría de John Fowler, el director de escuelas al momento de la guerra, quien vislumbra el futuro de las islas como un Estado independiente más de Sudamérica. En la decisión compartida de escribir "Malvinas" en lugar de "Falklands" en la traducción de la edición original al castellano, tanto Lorenz como Fowler muestran la flexibilidad y el tipo de diálogo, de escucha, que hay que propiciar. De aquí se comprende la invitación del autor de este nuevo libro que presentamos a dejar de ver el mundo cómo y desde una trinchera. Para lograrlo él recogerá el hilo de Ariadna reconstruyendo los argumentos y las genealogías históricas de las visiones argentinas sobre Malvinas, recuperando el papel que le cupo en la serie a viajeros o ensayistas de distintas tradiciones ideológicas, como Juan Carlos Moreno, Hipólito Solari Yrigoyen y Martiniano Leguizamón Pondal.

En las visiones quejumbrosas de la enajenación territorial la "identidad nacional" se ha separado imaginariamente del Estado como sistema de dominación y esta es otra de las evidencias que deja al descubierto el libro de Lorenz, separación que la cláusula transitoria de la Constitución Nacional reformada en 1994, instrumento de Estado por excelencia, paradójicamente encubre al plantear la soberanía de las islas como un objetivo permanente al que no se puede renunciar, cuestionar ni dudar, siquiera intelectualmente, como parte del pueblo argentino (Doy fe que el sainete criollo que se cuenta en el capítulo "Sangre y tierra" entre "científicos" y "comentaristas" en unas jornadas organizadas en el Museo fue así, que estuve allí y fui uno de los protagonistas).

Lorenz muestra muy bien las contradicciones de esta y otras constataciones invisibles al nacionalismo, como la fábula del rey desnudo, pero particularmente sensibles para quienes, desde la Patagonia, estamos especialmente atentos a la variedad de metrópolis y colonialismos que se ejercen sobre una región que hasta hace pocas décadas no estaba integrada por provincias sino por "Territorios Nacionales" que habían sido el resultado de la "Conquista del Desierto" (Tierra del Fuego, Antártida e Islas del Atlántico Sur es provincia recién desde 1990). Es en este sentido importante para mí, como director de la colección, que este sea el primer título de temática propiamente patagónica que la integra, más aún porque *Malvinas. Historia, conflictos, perspectivas* está en la encrucijada global y conectada de los debates sobre el pasado, presente y futuro a los que queremos contribuir.

Prefacio

Cuando cierro los ojos y pienso en Malvinas se superponen distintas imágenes. Me encuentro una vez más ante las trincheras en ruinas de alguno de los cerros que defendieron los soldados argentinos en 1982, y siento la roca fría en la yema de mis dedos, mientras palpo, como una vez lo hice, esas efímeras heridas que los hombres dejaron en las rocas. Otras veces, el sol platea un mar calmo que contemplo desde el faro de Cabo Pembroke y, como un manojo de algas, veo flotar la cabellera de la joven ahogada del *City of Philadelphia*, el último barco de vela que se engulleron las rocas de esas islas. Evoco libros y apuntes, visitas a bibliotecas, charlas y discusiones, viajes y encuentros en localidades grandes y pequeñas de mi país, dolores atesorados con la fuerza que solo tiene la fe en regresos que se saben imposibles, mi propia y pequeña historia atravesada por la historia de unas islas, como escribió Jorge Luis Borges, "demasiado famosas". Si la intensidad de la presencia de Malvinas en la cultura política argentina se correspondiera con su tamaño, estaríamos antes un nuevo continente.

Este es un libro que quiere ser la síntesis de un cuarto de siglo de trabajos dedicado a un tema: la historia y las memorias asociadas a las Islas Malvinas. De allí que considero indispensable llamar la atención sobre algunos elementos personales para poner en contexto un trabajo que intenta algo aparentemente ilógico: cerrar una puerta en el mismo acto en el que abre otras.

Llegado a este punto, es evidente que después de veinticinco años de explorar un objeto de estudio en sus diferentes aristas, es razonable que un investigador adopte una posición propia fruto de sus investigaciones. Esto se vuelve más evidente cuando el desarrollo profesional ha coincidido con la inmersión en el objeto de estudio. La advertencia vale porque entonces la mirada del científico está teñida, inevitablemente, de lo personal.

No creo en la objetividad, como no sea aquella basada en el tratamiento honesto de las fuentes y en la explicitación de la propia parcialidad. Tampoco creo en los mandatos sagrados cuando se trata de historiar la experiencia humana. Creo, contra toda evidencia presente, que la razón es emancipatoria, pero que depende también de una ética. Recelo de aquellas acciones tendientes a homogeneizar el pensamiento: "evangelizar", "argentinizar", "malvinizar", son conceptos que se han traducido en radicalizaciones empobrecedoras del pensamiento tan simplificadoras como agresivas Es curioso cómo la denuncia de la situación colonial en Malvinas se ha transformado en el gesto colonial, por antonomasia: marcarle al otro lo que debe pensar y ser, y clasificarlo a partir de eso.

Cuando comencé a trabajar este tema, hacia 1995, trabajaba en un desierto, a no ser por los trabajos pioneros de la antropóloga Rosana Guber. A nadie parecía importarle Malvinas como no fuera a los integrantes de la Cancillería, siempre celosos de su trabajo y sus secretos, a los veteranos de guerra y a sus deudos (muchas veces enfrentados en forma irreconciliable entre ellos), a las silenciadas ciudades patagónicas que habían vivido la guerra como algo más intenso y propio que "el Norte" y a las maestras que cada 2 de abril tenían que preparar algunas palabras y organizar un acto. No parecía importarle a mucha gente más, sobre todo quienes, como quien esto escribe, en esa época conformaban el campo de lo que se llama "historia reciente". En aquellos años –todavía hoy– los sucesos de la guerra de 1982 parecían separados de manera estanca de la historia de este país en ese mismo año, en los de la posguerra, hoy. Afortunadamente este panorama está cambiando, por lo menos en la cantidad de investigadores que abordan el tema. No necesariamente, me parece, en la renovación de las preguntas y perspectivas sobre un tema íntimamente ligado a nuestras representaciones como nación.

Pisé por primera vez Malvinas más de diez años después de mis primeras entrevistas con veteranos de guerra, y solo uno después de la publicación de mi primer libro de importancia sobre el tema, *Las guerras por Malvinas*. El contacto con el terreno y con sus habitantes fue una conmoción conceptual y emotiva que incidió notablemente en mi mirada sobre la cuestión, forzándome, por honestidad intelectual y ante la evidencia, a hacerme nuevas preguntas, que tanto ampliaron el marco temporal de mis trabajos como debilitaron numerosas asunciones *a priori*. Hasta la fecha visité el archipiélago en tres ocasiones: en 2007, 2013 y 2019, pero no puedo decir que conozco las Islas Malvinas. Apenas he estado Port Stanley, que los argentinos llaman Puerto Argentino luego de que otros argentinos, fugazmente, lo bautizaran Puerto Rivero. Recorrí los cerros que lo rodean, estuve en Goose Green, en Darwin y en el Cementerio de Guerra Argentino allí emplazado. Visité Fitz Roy, el Cabo Pembroke, Gipsy Cove, Bertha´s Beach y, sólo desde sus orillas, el Estrecho de San Carlos. No, no conozco lo suficiente las Malvinas, pero he estado allí, "en el campo", en ese lugar cuyo nombre millones de mis compatriotas pronuncian como un santo y seña. Y desde la primera vez que fui, mi pensamiento no fue el mismo.

Entre 2016 y 2018 dirigí el Museo Malvinas e Islas del Atlántico Sur, un museo nacional argentino dedicado a la causa por la recuperación de las islas. La materialización en la capital porteña de la Argentina de las islas irredentas. Es la experiencia profesional y personal más ingrata que hasta ahora he vivido, probablemente porque en contadas ocasiones me enfoqué con tanta fuerza en una tarea y seguramente muchas de estas reflexiones están teñidas por el sabor amargo de esos años en los que verifiqué la enorme brecha entre la tarea del científico y la del político.

Mi formación de base es la de profesor de Historia y siempre concebí la tarea del investigador como ineludiblemente asociada a la divulgación y a la polémica, nunca a la catequización. Ni escribo ni actúo para sectas ni para círculos cerrados, y creo que es nuestra obligación que nuestras manifestaciones sean comprensibles y claras, así como honestas intelectualmente. Me formé en el sistema público, soy investigador del CONICET, la divulgación es el mínimo acto de devolución de todo lo que una sociedad pauperizada como la nuestra me permitió hacer.

A cuarenta años de la guerra de 1982 mi trabajo se esfuerza, una vez más, por encontrarle un sentido al sacrificio de tantas vidas. No me refiero a aquellos que se enuncian, y que llevaron a la muerte a tantas personas a partir de un sistema de valores de época, sino al que encarna en quienes sobrevivimos, que recibirán los más jóvenes y que nos obliga a pensar en un país mejor que el que envió a sus soldados a combatir. No es un libro de homenaje, sino de compromiso con su recuerdo.

Yo quería que el primer libro que publicara sobre Malvinas se llamara "Archipiélagos de la memoria". Me parecía un título poderoso y polisémico. Era una alusión clara a esos territorios en disputa. Reenviaba a la tierra bajo la que yacen decenas de compatriotas, a las aguas heladas donde descansan para siempre otros tantos. Pero, sobre todo, remitía directamente a la idea de que si bien hablamos de una "causa nacional", la urgencia de pensar los matices de un tema ribeteado por lo sagrado se vuelve cada vez más evidente. Con el paso del tiempo constaté de distintas formas que esas memorias en fragmentos son otras tantas islas Escilas y Caribdis; quien surque esas aguas deberá estar atento como quien navega entre hielos flotantes, a riesgos de chocar de forma inesperada con un bloque letal.

Este libro toma algunas de esas peligrosas islas a la deriva como emergentes para pensar algunos temas asociados a Malvinas que pueden ser otras tantas preguntas y seguramente muchas otras. Se asume uno más de esos fragmentos y defiende la potencia de aquella primera imagen: un nombre que une piezas de historia, fragmentos de discursos y experiencias, debe ser situado históricamente, pensado, vuelto a enunciar con otros significados, para de ese modo pasar de la melancolía dañina a la proyección poderosa de imaginar nuestros objetos históricos de otra manera y, en consecuencia, un futuro diferente también. Eso no implica que sea un libro optimista, pero sí que es un texto de intervención que trata de materializar lo que entiendo que es pensar históricamente: interrogar desde el presente el pasado, en sus múltiples aristas, tanto las amables como aquellas cortantes o insatisfactorias, para imaginar un futuro. Asumir los cambios que el propio pensamiento experimenta en ese proceso.

En el Prefacio a "Mahoma y Carlomagno", de Henri Pirenne, su hijo Jacques dice que "la última obra escrita por mi padre encierra sus pensamientos más vivos, más atrevidos, más jóvenes", los que bullían en su cerebro en víspera de su muerte".[1] Ese libro es, como sabemos, una obra de síntesis, y al releerlo hace muy poco mientras preparaba una clase para mis estudiantes del Colegio Nacional de Buenos Aires, entendí que me representaban a la hora de encarar la versión final del trabajo que van a leer. Pretendo que este sea un libro que reúna mis intereses en torno a Malvinas, en un ejercicio que también es de introspección y autocrítica profesional y no quería que lo orientaran ni el desengaño, ni el rencor, ni cierto desencanto, sino precisamente el atrevimiento intelectual, la imaginación de hojas de ruta y puntos de encuentro, una tarea siempre desafiante y vital.

---

1 Henri Pirenne, *Mahoma y Carlomagno*, Barcelona, Alianza Editorial, 2019, pág. 13.

El Cubo de Rubik y una tapa que no fue

Una rápida búsqueda en Internet arroja un número impresionante y un imposible: una persona necesitaría 1.400 billones de años, calculando un segundo por giro, para realizar todas las combinaciones posibles del Cubo de Rubik, que son 43.252.003.274.489.856.000.

Ni siquiera puedo leer correctamente el número, pero creo que cuando pensamos en esa imagen para la tapa de un libro sobre Malvinas destinado a las escuelas, allá por 2010, como una propuesta del Programa Educación y Memoria del Ministerio de Educación de la Nación, habíamos dado en el clavo. El libro, que se titula *Pensar Malvinas*, ofrecía una selección de fuentes y actividades para trabajar el tema en las escuelas argentinas. Creíamos que el cubo mágico era la imagen perfecta para mostrar tanto la complejidad del tema como los múltiples abordajes posibles (aunque estoy seguro de que ninguno de quienes integrábamos el equipo imaginó entonces una cifra de combinaciones tan grande, ni la imposibilidad, en una vida humana, de resolverlas).[2]

Hace poco le pedí a mi hija Vera, que es muy habilidosa con ese juego en sus distintas formas, que me explicara en qué consiste. Me contó que el cubo de Rubik (creado en 1974) es un rompecabezas de ingenio en tres dimensiones. "Es muy importante entender esto último ya que en eso se basa su dificultad. Todos en un principio lo pensamos como un cuadrado", me dijo.

2 El libro puede descargarse en http://educacionymemoria.educ.ar/secundaria/wp-content/uploads/2011/01/pensar_malvinas.pdf

Yo aprendí a llamarlo así, "de Rubik", gracias a ella. Para mí, generacionalmente, pero también por mi perenne incapacidad e impaciencia para resolverlo, siempre fue "mágico". Prosigue Vera: "probablemente alguna vez hayas tenido uno en tus manos y te hayas cansado de girarlo sin llegar a completarlo. Ultra atractivo por sus colores y curioso por su mecánica, este puzzle propone mucho más que su resolución. Para quien no lo conozca, sus seis caras están atravesadas por dos cortes verticales y dos horizontales, formando nueve cuadraditos. Cada una lleva un color y la obtención de los seis de manera uniforme en simultáneo determina la resolución del rompecabezas [...] No hay forma de no resolverlo, le des los giros que le des, lo compliques como lo compliques, siempre lo resolverán los mismos movimientos".

Los aficionados al Cubo inventaron distintas formas de competencia: por tiempo, para realizar determinados patrones de dibujo, etc. Lo que es cierto es que es difícil que, si alguien nos pone un cubo mágico a nuestro alcance, no tendamos a tomarlo y darle unas vueltas. Concluye mi hija: "Aunque no se llegue a ningún lado o se llegue por milésima vez al mismo, siempre llama la atención".

Tan pero tan parecido a las Malvinas para los argentinos. Sin tener toda esa información, creo que aquella propuesta de tapa para un libro destinado a la educación sobre las islas era acertada. Y sin embargo, no prosperó. El diseño final aplanó el rompecabezas: con un paisaje malvinense como fondo, al costado de una ruta que se perdía hacia el horizonte (tomada durante mi primer viaje a las islas), un pizarrón, plantado como un estandarte, tenía firmemente escrito en tiza: "Las Malvinas son argentinas". Al estilo de los conquistadores que tomaban posesión, la fotografía expresaba una concepción de la educación como transmisora de verdades, en ese pizarrón que parecía el rollo de justicia que acostumbramos a ver en las viejas punturas de las tomas de posesión.

Tierra, educación, una guerra de por medio: mandatos que han condicionado nuestro pensamiento mucho más de lo que lo han liberado para buscarle variantes, soluciones a ese rompecabezas multidimensional que son las Malvinas para los argentinos. Como resultado, la realidad simplificada en una consigna, tan sencilla como movilizadora, tan eficaz como limitante al pensamiento crítico.

Creo que las Malvinas son nuestro Cubo de Rubik: tentadoras, convocantes, adictivas. Con millones de variantes posibles, pero sin dejar de ser un desafío que se puede resolver aunque sea de muy difícil solución. El problema es que para eso no hay una única manera, ni lo puede hacer una sola persona. En principio, para ser resuelta, la prueba tiene que dejar de ser chata; la pregunta tiene que ser más que una, o por lo menos una que admita múltiples respuestas. Debe permitir el ensayo de combinaciones (preguntas); tantas como la curiosidad y el pensamiento crítico nos permitan hacer. Tantas como podamos, aunque nos disgusten. Llamar "mágico" al cubo de Rubik es una claudicación de la inteligencia. El pensamiento mágico aplicado a las Islas Malvinas, también.

Supe hace poco, gracias a las investigaciones de la historiadora Florencia Gándara, que al final de la guerra el gobierno militar destinó, entre otros elementos, una partida de cubos mágicos para los soldados que recién volvían de Malvinas, internados en Campo de Mayo.

La imagen de un combatiente sobreviviente de los bombardeos probando las combinaciones entre sus manos, él mismo una de las caras del cubo con el que juega, es una reivindicación de aquella tapa que no fue y de la necesidad de pensar ese tema tan profundamente arraigado en la cultura y la política argentina de otras maneras.

"Las Malvinas fueron, son y serán argentinas". Esa consigna devino en axioma y el axioma en una tautología: en una afirmación obvia y redundante, que se demuestra por sí misma. En consecuencia, la investigación se reducirá a acumular evidencia que redunda en lo evidente: la argentinidad de las islas. Puesto que las islas son argentinas, en un mundo argentino ideal todas las producciones de intelectuales de esa nacionalidad confluirán en reforzar esa idea, en aportar elementos para fortalecer el *dictum*. Es un robusto sistema de ideas que, por un lado, no presenta salidas a su lógica interna y, al mismo tiempo, pone límites concretos a lo que se puede decir o no sobre un tema. Es esencialista, fruto de un largo arraigo de un nacionalismo territorial constitutivo del Estado moderno, que vio en él un instrumento para unir una nación de inmigrantes y que construyó en el Sur (e impuso a sangre y fuego) como promesa de realización nacional (y encarada en trayectorias de vida individuales, personal).

Esa creencia ha encarnado con la fuerza del sentido común por dos vías: la construcción de una causa nacional (a partir de iniciativas públicas, conmemoraciones, la apropiación por parte de distintas fuerzas políticas) y la conmemoración de una guerra y vidas perdidas, que refuerza ese compromiso. "Causa" y "guerra" se retroalimentan y potencian para sellar, como aquellos viejos conjuros en las tumbas de los faraones, la posibilidad de discutir. La guerra se justifica por sus causas históricas (a lo sumo, se discuten sus condiciones) y cuestionarla sería impugnar las memorias de los muertos: su origen es sagrado en tanto miles de argentinos combatieron en defensa de un fragmento del territorio nacional usurpado (al que habían tomado por asalto antes).

Así, quien somete a la crítica histórica la posición oficial argentina, ofende la memoria de los caídos; quien discute el conflicto diplomático, pone en duda los derechos argentinos. Por supuesto que hay matices entre ambos extremos de este segmento conceptual, pero lo que es imposible es salirse de los límites que marcan. En algunos casos, se puede transformar en una prisión en jaula de oro que desnaturaliza el trabajo del científico: se puede publicar, dar conferencias, sin salirse de los límites de lo políticamente correcto. En el campo político, se puede llegar a ser sacerdote del culto laico de la causa por la recuperación de Malvinas, un pasaporte abierto para recorrer el mundo en defensa (retórica) de los intereses nacionales. Es suficiente con hablar para la propia tribuna, en un campo de juego donde intelectualmente jugamos contra nosotros mismos. Si a finales del siglo XIX y comienzos del XX la "patria" era la religión laica de los Estados modernos, "Malvinas" es la particular forma argentina de la prolongación de ese culto en el Tercer Milenio.

Así, el *dictum*de la argentinidad de Malvinas se transforma en dogma y se naturaliza; se convierte en transversal a las distintas fuerzas políticas y conforma un sentido común que se refuerza con el paso del tiempo. La premisa del investigador debería ser desnaturalizarlo, pero lo cierto es que esto se revela difícil y costoso pues las agendas políticas y diplomáticas, rituales y repetitivas, colonizan el pensamiento científico, cuya función es la de extender el conocimiento. En el caso más leve, el resultado es la falta de imaginación.

Pensar la posición argentina en relación con Malvinas y la relación de este país con el archipiélago es, entre muchas cosas, un anacronismo tan añejo como el colonialismo que denuncia oficialmente todos los años ante la ONU. Pero esa línea de pensamiento tiene la fuerza de las causas sagradas y la emotividad de la lucha del débil contra el fuerte. Curioso, pues como desarrollaré más adelante, anida en una visión hiperbólica de lo que se esperaba que la Argentina fuera acuñada por la élite dirigente desde 1880 y reforzada a lo largo del siglo XX.

No todos los conflictos territoriales entre naciones se resuelven por la guerra; pero para que una guerra se produzca se requiere de un relato histórico que la justifique y alimente con motivos y referentes para que la sociedad movilizada llegue adecuadamente dispuesta a ella. Un ejemplo del primero de los casos fueron las disputas limítrofes entre Argentina y Chile, el ejemplo por antonomasia del segundo es la guerra de Malvinas.

Capas geológicas

En cualquier lugar de la Argentina en el que nos encontremos aparecen los carteles al costado de la ruta: "Las Malvinas son argentinas". Cada 2 de abril, las emociones a veces contradictorias despertadas por el aniversario del desembarco en las islas aún nos conmueven y lo harán por mucho tiempo. Lo antiguo y lo reciente se unen para potenciar una emoción, un "sentimiento" (precisamente, *Malvinas es un sentimiento* es otra consigna) que a la vez se apoya en una construcción racional basada en el aporte de distintas disciplinas e investigaciones: el Derecho, la Historia, la Geografía.

A lo largo del siglo XX, esa acumulación de investigaciones ha cimentado documentalmente los títulos argentinos sobre las islas y, a la vez, conforma el sustrato de información en el que distintos actores sociales se basan para pensarlas y para adquirir una certeza inamovible: la argentinidad de las islas. En ese proceso de sedimentación algunos matices, ciertos aportes aislados, fragmentos únicos e inclasificables se disuelven, o, sepultados, se pierden gradualmente, hasta volverse invisibles.

Por lo tanto, problematizar las formas en las que la idea de nación se relaciona con el trabajo crítico de los investigadores es crucial para reflexionar sobre las limitaciones que el campo académico se impone o actúa de manera inconsciente: la naturalización de un deseo y de una situación, precisamente aquello que no debe suceder en la revisión crítica del pasado. Sostiene Rosana Guber:

> A la disputa por las islas, se agrega el recuerdo traumático de una guerra. No obstante, también desde ese momento, la adhesión a la causa nacional

> fue controversial, lo que se acentuó a partir de la guerra de 1982: En los años que vengo trabajando esta cuestión, las reacciones al tema han oscilado entre la frustración de algunos, la incomprensión de otros y la indignación de todos; pero mis interlocutores jamás revelaron indiferencia y demasiado pocas veces admitieron ignorancia. Sobre Malvinas siempre tenemos alguna sentencia inapelable a flor de labio, inspirada en algún relato rector que hemos ido forjando sobre nuestro pasado y nuestra entidad de "argentinos".[3]

Este condicionante ha tenido efectos en el pensamiento: como si se tratara de las islas del Delta del río Paraná, la corriente ha acumulado partículas y restos (historias e información) en torno a una certeza inamovible: la argentinidad de las islas. Un río de llanura, como no podía ser de otra manera refiriéndose a un país organizado en torno a la ciudad-puerto.[4]

Las protestas de las distintas administraciones rioplatenses a la agresión británica en Malvinas han sido constantes desde 1833. Desde ese momento, desde las presentaciones de Manuel Moreno ante la corona británica hasta nuestros días, estos esfuerzos diplomáticos estuvieron acompañados por una minuciosa tarea de reunión de antecedentes y acumulación de pruebas. En consecuencia, desde sus orígenes escribir la historia de las Islas Malvinas fue fundamentar los derechos argentinos sobre el archipiélago y demostrar el despojo británico, como un fiscal que prepara una acusación, o un abogado organiza su defensa.

Un trabajo pionero en el estudio de la construcción de esa genealogía anclada en esa primera etapa es el de Rosana Guber,[5] que estableció los nexos entre la publicación de las cartas del marino Lasserre por José Hernández en la segunda mitad del siglo XIX (aunque es bueno adelantar y señalar que en forma de libro de divulgación aparecieron recopiladas *recién* en la década de 1940), la obra de Paul Groussac *Les Iles Malouines* y el proyecto de ley del senador socialista Alfredo Palacios, presentado en 1934 que se materializó en la Ley 11904, por la cual la obra del antiguo director de la Biblioteca Nacional se traduciría al castellano (el original había sido escrito en la lengua materna de Groussac) alcanzó todas las bibliotecas populares del país, mientras una versión especialmente adaptada para las escuelas

---

3 Rosana Guber, *Por qué Malvinas. De la causa nacional a la guerra absurda*, Buenos Aires, FCE, 2001, pág. 7.

4 Basta ver el peso cultural y socioeconómico de esta matriz en algunas intervenciones recientes en torno a la "hidrovía". Un ejemplo: "Paraná y Malvinas, un solo corazón". https://www.pagina12.com.ar/349952-parana-y-malvinas-un-solo-corazon

5 Rosana Guber, *Por qué Malvinas. De la causa nacional a la guerra absurda*, Buenos Aires, FCE, 2001.

ingresó en el ámbito educativo. En ese envío, vemos que la constante fue que la Argentina había descuidado sus intereses en las islas, que estas eran argentinas y que se debía aprender la historia y los antecedentes del conflicto para conocer la justicia del reclamo. Si para Hernández esto era una forma de demostrar la dejadez del gobierno del cual era adversario político, para Paul Groussac esa ambición se materializaba en la integridad orgánica territorial del país defendida desde las trincheras de los documentos, para que fuera acompañada por una visión integral de la historia. El esfuerzo de Palacios, al divulgar un estudio que era una verdadera presentación de caso por la "acumulación de derechos" sentaron las bases de una idea fuerza: la argentinidad de las islas, probada histórica y geográficamente. Siguió la huella abierta por Guber un trabajo de mi autoría, *Las guerras por Malvinas* (publicado por primera vez en 2006), que analizaba fundamentalmente las luchas por la memoria del conflicto de 1982, sus matices regionales y experienciales, y enfatizaba la necesidad de pensar la guerra en el contexto de la dictadura militar que la produjo. Contemporáneamente, Vicente Palermo publicó su ensayo *Sal en las heridas.*[6] No es casual que estas dos últimas obras aparecieran en el contexto del 25° aniversario de la guerra. A la vez, hijos de las disputas políticas sobre Malvinas propias del primer kirchnerismo. En particular, Palermo proponía la reformulación del nacionalismo argentino en función de un patriotismo republicano y el abandono del reclamo sobre Malvinas. El principal aporte de la obra es la distinción entre la "cuestión" diplomática y la "causa" nacional, a la que criticaba como contraproducente. Como explicitó en una obra reciente, la biografía de Dardo Cabo (organizador de la Operación Cóndor, el secuestro de un avión y su aterrizaje en Malvinas en 1966), el objetivo de *Sal en las heridas* era el de "triturar" la causa Malvinas.[7] Este objetivo tiene dos debilidades, que a mi juicio atraviesan la obra de Palermo, que sí es valiosa por señalar las consecuencias limitantes que ha tenido la forma en la que los nacionalismos construyeron la causa Malvinas. El primero es que ese argumento racional desconoce la experiencia histórica y sus dimensiones regionales asociadas a Malvinas (lo que no deja de ser curioso, porque a la vez uno de sus argumentos más recientes, en intervenciones periodísticas, es el de tener en cuenta a los isleños para pensar el problema). El segundo aspecto es que parecería que el nacionalismo republicano presenta ventajas frente

6 Vicente Palermo, *Sal en las heridas. Las Malvinas en la cultura argentina contemporánea*, Buenos Aires, Sudamericana, 2007.

7 Vicente Palermo, *La vida breve de Dardo Cabo: Pasión y tragedia del peronismo plebeyo*, Buenos Aires, Siglo XXI, 2021, pág. 12.

a otros, cuando lo que en definitiva vale pensar es que quizás el nacionalismo republicano y el populista, por simplificar, tienen más elementos en común que diferencias (lo que creo que se verifica con Malvinas). Si reúno ambos elementos, no puede definirse un vínculo con un territorio y lo que este represente más que situándolo históricamente, por lo que el análisis de la experiencia histórica como objeto es la clave, aunque lleve a prestar atención a actores que ideológicamente "no vemos" o infravaloramos: los isleños, los nacionalistas populares, etc.

Lo que resulta interesante es que aun un trabajo como el de Rosana Guber, que se proponía historiar las relaciones entre los argentinos y la causa nacional, no escapó al imprescindible proemio: "Este libro no pretende dirimir si las Malvinas son argentinas o británicas. Si debo definirme sobre la cuestión, para así conseguir la decisión del lector de acompañarme a lo largo de estas páginas, diría que para mí "las Malvinas son argentinas" pero por razones mucho más complejas y poderosas que las jurídico-estatales".[8] Esto se debe a que desde la agresión británica, en su abrumadora mayoría los investigadores se han visto/ nos hemos visto obligados a hacer una profesión de fe: que escribiremos sobre Malvinas, como mínimo, asumiendo que el archipiélago es argentino. De la eficacia de ese dispositivo de control y auto represión del propio pensamiento se ocupará también este trabajo.

No es redundante decir que en mis propios trabajos he sido presa, implícita o explícitamente, de dicha situación. Se trata de un chantaje intelectual que comienza cuando la propia investigación muestra que al salirse de los sentidos comunes, aparecen matices que llevan a relativizar las posiciones absolutas que, por ejemplo, tienen que ver con la nacionalidad de un territorio, la legitimidad de sus habitantes para reivindicarlo como propio, la historicidad de conceptos "fundamentales" y "fundacionales" como nación, patria, o pueblo. Si hablo de "chantaje", es que por ejemplo en el campo académico, en los primeros años de dedicarme al tema (comienzos de los '90) Malvinas era "cosa de milicos". Entrado el 2000, la apropiación por parte de algunos actores del "progresismo" aparentemente salvó esa barrera, pero como contrapartida, revivió el tema avivando el fuego de la "causa nacional", con lo que miradas críticas pasaron a ser "antinacionales" o, directamente, "cipayas". Esas tensiones condicionan notablemente el trabajo de los investigadores que se sumergen en las aguas malvinenses. Es un delicado equilibrio entre ser parte de ellas hasta no notar diferencias, congelarlas para que sea imposible la inmersión, o asumir las consecuencias de sus

8 Guber, op. cit. pág. 8

turbulencias. Pero lo que queda claro es que como en pocos casos, el trabajo crítico sobre "Malvinas" conlleva encasillamientos ideológicos por parte de pares y otros actores, y eventualmente auto limitaciones y represiones.

Tanto los trabajos de Rosana Guber, Vicente Palermo y los del autor de estas líneas cayeron en la obvia paradoja de que prolongaron la vitalidad de un problema histórico al querer revisarlo. Asimismo, omitieron algunos aspectos interesantes para pensar el asunto en el largo plazo (autores, temas), lo que demuestra varias cosas: en primer lugar, que el conocimiento es situado (se me disculpará por la obviedad, pero es algo que debe reforzarse en relación con Malvinas). Estos trabajos, que puedo definir como la base que ha pensado en términos de historia cultural el problema de Malvinas, presentan ausencias que se pueden constituir en otras tantas posibilidades de abordaje. En consecuencia, intentaré señalar algunas de ellas en las páginas siguientes.

La asunción *a priori* de que las islas son argentinas organiza y condiciona toda la intervención y la lectura crítica (en algunos casos, el aparato erudito también). Como consecuencia de esta, la principal tarea de los investigadores es la de recolectar datos como antecedentes para la legitimidad argentina, lo que va en contra del pensamiento histórico situado. El vínculo con la historia diplomática es estrecho. Es el caso de una obra liminar, *Una tierra Argentina. Las Islas Malvinas* (1948) de Ricardo Caillet-Bois.[9] En el prólogo a la reedición de 1982, señala Enrique Barba, presidente de la Academia Nacional de la Historia:

> La Academia al publicar nuevamente esta obra continúa la línea trazada por los miembros de la corporación, quienes desde principios de siglo han puesto de relieve cuánto les preocupa el tema y la suerte de un territorio que nos fuera arrancado violentamente y que siempre hemos luchado por recuperarlo [...] Otra de las razones que explican la nueva edición del libro de Caillet-Bois deriva de la actualidad del tema malvinense puesto estrepitosamente de resalto con motivo de la triple agresión a la Argentina en el concertado ataque británico-norteamericano, apoyado con operaciones en nuestra contra por parte del Mercado común europeo.[10]

En su propia presentación del trabajo, Caillet-Bois destacaba los motivos que lo habían guiado: "deberá recordarse, principalmente, que sus capítulos han sido trabajados no sólo con el entusiasmo que produce el análisis

9 Ricardo Caillet-Bois, *Una tierra Argentina. Las Islas Malvinas* Buenos Aires, Academia Nacional de la Historia, 1982.

10 Ricardo Caillet-Bois, *Una tierra Argentina*, pág. I.

del pasado, sino también con el *extraordinario acicate provocado por la idea de defender el patrimonio nacional*".[11]

Los nexos entre estas obras y las líneas "reconocidas" y consideradas las académicamente válidas para la investigación histórica fueron estrechos. Caillet-Bois asume la deuda intelectual con el núcleo de la Nueva Escuela Histórica: "prohijada nuestra idea por el entonces Director del Instituto de Investigaciones Históricas, doctor Emilio Ravignani". Pero estos lazos no fueron exclusivos de las obras de la llamada historiografía liberal. Como veremos, el revisionsimo, al impugnarlas, tampoco escapó al mandato soberano. La obra de Mario Tesler sobre el gaucho Rivero que analizaremos más adelante es presentada bajo este mismo prisma: "pertenece a la novísima generación de historiadores que han asumido la tarea de revisar el pasado argentino a partir del país y desde el ser nacional", nos advierte el texto de la contratapa, mientras que su autor se ocupa de aclarar que era un libro realizado "con *pasión argentina pero sin ningún preconcepto*",[12] como si esto fuera posible al poner en primer lugar un interés nacional y luego un elemental requisito metodológico.

El peso del deber patriótico fue común y central a las distintas obras que abordaron la historia de Malvinas. Se trataba de aportar elementos argumentales jurídicamente válidos a un país que tenía la razón de su parte. Así en el "Prólogo" a una reedición en 1946 de su alegato en el Congreso,[13] Alfredo Palacios señalaba el íntimo vínculo entre la posibilidad de ser una nación y la recuperación de las Malvinas: "en medio de la corriente de sensualidad y oportunismo, en cuyo blando oleaje naufragaron tantos hombres, el espíritu de argentinidad nos exige ser, ante todo, un alma. Lo demás vendrá, por añadidura". Y colocaba, por encima de las mezquindades partidarias y las miradas incompletas, la matriz conceptual desde la que había pensado el problema. Si la Historia tenía algún lugar en ello, era de herramienta auxiliar: "Me mantengo fiel al idealismo argentino que no entenderán nunca los políticos realistas, ávidos de dominio, para quienes solo existe lo que puede cogerse y medirse, olvidando que hay seres ideales que no tienen la dimensión de la realidad; que no ocupan espacio ni se ex-

11 Ricardo Caillet-Bois, *Una tierra Argentina*, pág. 9. Mi subrayado.

12 Mario Tesler, *El gaucho Antonio Rivero. La mentira en la historiografía académica*, Buenos Aires, Peña Lillo, 1971, pág. 13. Mi subrayado.

13 *Las Islas Malvinas. Archipiélago argentino. Alegato del senador Alfredo L. Palacios en el parlamento, sosteniendo el derecho de la Argentina a la soberanía de las Islas Malvinas.*1934, publicada por Claridad, con prólogo del profesor de Historia del Derecho Jorge Cabral Texo.

tienden en el tiempo y constituyen el mundo de los valores, distinto del de la naturaleza. Y a ese mundo pertenece el Derecho".

Con el paso del tiempo, se conformó un cepo conceptual, una matriz cuyo peso es evidente si nos acercamos al presente. Así, en 2015 el Ministerio de Educación y la Secretaría Malvinas de la cancillería argentinos editaron 200.000 ejemplares con la reproducción facsimilar de la obra abreviada de Paul Groussac, publicada en español ocho décadas atrás. El objetivo de la iniciativa se explicaba de esta manera:

> La reedición del compendio de Paul Groussac forma parte de esta tarea, ampliar el conocimiento de la historia de las islas, porque lo que no se conoce no se quiere y lo que no se quiere no se defiende. Con este material nos proponemos seguir profundizando en los argumentos históricos y jurídicos que sustentan el reclamo argentino., Nuestras escuelas son el mejor escenario para reforzar y multiplicar la conciencia de los derechos argentinos sobre Malvinas.[14]

¿Es posible una "profundización" con la reproducción facsimilar de una obra escrita en 1910, editada por primera vez en castellano en la década de 1930? Y si efectivamente fuera una profundización, ¿qué consecuencias tendría hacerla?:

> El Ministerio de Educación de la Nación, junto a la Secretaría de Asuntos Relativos a las Islas Malvinas, Georgias del Sur y sándwich del Sur y los espacios marítimos circundantes en el Atlántico Sur, ha dispuesto la reedición facsimilar de la obra de Paul Groussac, "Las Islas Malvinas", con destino a las aulas de todas las escuelas argentinas [...] Al acercarla al presente, asumimos como educadores, la tarea de releer aquel pasado y comprenderlo desde una actualidad muy diferente, donde el pueblo y el Estado argentino se encuentran unidos en la causa nacional y suramericana de la recuperación de nuestras Islas Malvinas por medio de los canales pacíficos de la negociación y el diálogo.[15]

Ahora bien, ¿qué significa releer el pasado? En la clave propuesta por esta iniciativa, seguir pensándolo dentro del marco de una verdad preestablecida: que las islas son argentinas.

---

14 Ministerio de Educación de la Nación, *Las islas Malvinas. Edición facsimilar de la obra de 1936*, Buenos Aires, 2015. s/l.

15 Ministerio de Educación de la Nación, Las islas Malvinas. Edición facsimilar.

La subordinación de la Historia como saber crítico al Derecho Internacional

Someter a la crítica "Malvinas" significa lidiar con uno de los mitos de origen de la nación, uno de los pilares que muchos grupos y actores encuentran para la "identidad nacional". La fortaleza, vitalidad y vigencia del símbolo se reforzó simbólicamente con el sacrificio en la guerra. Pero históricamente hablando los materiales con los que se consolidó este relato se encuentran en la reconstrucción histórico-legal de los títulos argentinos para consolidarse a lo largo del tiempo y fueron el combustible que llevó al país a la guerra en 1982. Vale la pena preguntarse entonces de qué manera esta marca de nacimiento condicionó la reflexión histórica sobre las islas y el Sur argentino. Mito que, fundado por uno de los intelectuales "liberales" del pasado argentino, el francés Paul Groussac, se reforzó, a partir de la década de 1930 con la denuncia al imperialismo (Alfredo Palacios) y su criollización a partir de la década de 1940 (con la adopción de José Hernández, autor del poema nacional, como primer y visionario denunciante del tema y la instalación de una figura criolla, el gaucho Rivero (como veremos más adelante).

Volvamos, pues, a los cimientos. En un libro reciente, dos especialistas en derecho internacional resumen la posición diplomática argentina, que a la vez construye las vigas maestras (y cepo) de la mirada histórica sobre las islas:

> La posición argentina es clara. Las islas son argentinas por sucesión a los derechos de España, por el ejercicio concreto de la soberanía de la nueva nación sudamericana desde el inicio del proceso de independencia en 1810 hasta 1833, año del despojo británico y por la ausencia de consentimiento argentino a la ocupación británica desde 1833 a la fecha. Por su parte, la sucesión a los derechos de España se justifica por el reconocimiento de la soberanía española por las principales potencias marítimas de Europa, por la continuación española del derecho de primer ocupante de Francia (1764) y por el ejercicio continuado de su soberanía sobre las islas hasta 1811, de manera exclusiva entre 1774 y 1811.[16]

Los autores de esta obra, Kohen y Rodríguez, expresaban también, replicando argumentos propios de una mirada europeo céntrica que "el primer esfuerzo exitoso por llevar la civilización a las islas y desarrollar la presencia humana en ellos fue argentino".[17] Destaco esto sobre todo para enfatizar dos cosas: la matriz del pensamiento –el atraso historiográfico que evidencia pensar la ocupación de un territorio en clave civilizatoria– y el evidente hecho de que los reclamos argentinos sobre las islas son parte de un proceso más general de expansión europea sobre lo que hoy llamamos América del Sur.

Dicho esto, el libro citado es una versión moderna y democrática de una línea de pensamiento que, desde la consolidación de Malvinas como causa nacional, ha mantenido su vitalidad a lo largo del siglo XX sin que la guerra de 1982 haya hecho mella en él. Es una constante que podemos encontrarla en el prólogo a un libro de divulgación escrito en 1982 con motivo de la guerra. Se trata de un opúsculo del que se editaron millares de ejemplares escrito por Laurio H. Destefani, almirante y miembro de la Academia nacional de Historia, especialista en temas marítimos y patagónicos. Fue publicado en mayo de ese año, en vísperas del desembarco británico y unos veinte días antes del final de la guerra:

> Con el aporte de empresas privadas y estatales [...] se solventó en su totalidad la publicación de este libro sobre una idea de la empresa periodística y editora EDIPRESS S.A. consistente en la edición en castellano... Y su distribución en todos los países del mundo, frente a la necesidad de una difusión masiva y esclarecedora de la verdad argentina.

---

16 Marcelo Kohen y Facundo Rodríguez, *Las Malvinas entre el Derecho y la Historia. Refutación del folleto británico "Más allá de la historia oficial. La verdadera historia de las Falklands/ Malvinas"*, Salta y Buenos Aires, EUnSa y EUDEBA, 2015, pág. 21.

17 Marcelo Kohen y Facundo Rodríguez, *Las Malvinas entre el Derecho y la Historia*, pág. 23.

> Se podrá llegar así a que comprendan lo substancial de nuestros derechos personas que no tienen acceso a la literatura más amplia sobre nuestras Malvinas y especialmente en el extranjero.
>
> La verdad geográfica, histórica y legal, simple y sin exageraciones, son la mejor defensa de nuestros derechos de soberanía sobre los tres archipiélagos australes [...]
>
> En momentos de terminar esta obra sigue la lucha y las conversaciones de paz no llegan a buen fin; pero es el momento de retemplar nuestro ánimo, porque cueste lo que cueste y dure lo que dure, los tres archipiélagos deberán ser nuestros, porque es justicia.[18]

El libro estaba destinado a alcanzar una alta difusión y sistematizaba lo que los argentinos debían saber para comprender la justicia de su causa. Abrevaba en la construcción iniciada a comienzos de siglo:

> LAS MALVINAS SON ARGENTINAS
>
> Por razones históricas, pues fueron de España hasta 1811, y en consecuencia, de Argentina por herencia hasta 1833 en que fueron usurpadas por Gran Bretaña en plena paz y amistad con nuestro país.
>
> Por razones geográficas, pues están dentro de la plataforma submarina argentina a una distancia de 346 kilómetros, mientras se hallan a 12000 kilómetros de Inglaterra.
>
> Por razones de derecho internacional, desde Tordesillas y por tratados sucesivos hasta Nootka-Spund-1790, siempre fueron españolas y Argentina las heredó, ocupó y ejerció su soberanía.
>
> Las Georgias y las Sandwich del Sur son argentinas por geografía, proximidad y hechos históricos de soberanía.
>
> Finalmente, porque desde 1833 en que fuimos agredidos, nunca hemos renunciado a ellas ni jamás lo haremos.[19]

Ambos textos, separados por casi cuarenta años, comparten la matriz nacionalista y confluyen en la apelación a la Historia –a una *forma de Historia*– para justificar la argentinidad de las islas. Son evidencia de que cualquier repaso de la bibliografía argentina sobre la historia de las Islas Malvinas lleva a la conclusión de que el principal papel reservado a la investigación histórica ha sido el de "proveedora de pruebas" para el reclamo nacional: los famosos "títulos históricos", que pueden tener valor para los

---

18 Laurio H. Destefani, *Malvinas, Georgias y Sandwich del Sur, ante el conflicto con Gran Bretaña*, Buenos Aires, 1982, pág. 5.

19 Laurio H. Destefani, *Malvinas, Georgias y Sandwich del Sur*, pág. 5.

antecedentes diplomáticos de la posición diplomática argentina, pero que no dan cuenta de la complejidad del objeto de estudio, anulan muchos de los abordajes posibles y limitan las preguntas al confinarlas dentro del esquema estatal-nacional. Más aún, en tanto "congelados" en un argumento, están reñidos con dos características básicas del conocimiento histórico: su carácter procesual y dinámico, su condición de pensamiento situado.

Esto es en gran medida herencia de los esfuerzos por darle a la disciplina un estatus científico, visible sobre todo entre finales del siglo XIX y las primeras décadas del siglo XX:

> El modelo judicial tuvo dos efectos interdependientes entre los historiadores. Por una parte les indujo a centrarse en los acontecimientos (políticos, militares, diplomáticos) que en cuanto tales podían ser atribuidos a las acciones de uno o más individuos: por otra a descuidar todos los fenómenos (historia de los grupos sociales, historia de las mentalidades, y así sucesivamente) que no encajaban en esa pauta explicativa".[20]

Son los matices y la historia enfocada en distintos temas y objetos los que permiten superar la mera cronología y recopilación de títulos a la par que otorgarle densidad histórica al problema. Como señala Ginzburg, "un historiador tiene derecho a distinguir una prueba allí donde un juez decidiría un "no ha lugar".[21] Para el derecho solo valen las pruebas que refuerzan una posición. Para un historiador, de acuerdo con el enfoque, cualquier indicio es argumento para su interpretación, aún aquellos que el rigor diplomático descarta o considera contradictorios (más aún, estos serían probablemente los más interesantes). Sin incursionar en un terreno que no me corresponde, el Derecho parece sentirse cómodo con esa visión limitada de la Historia, que empobrece los aportes que la disciplina puede hacer y, peor aún, la desnaturalizan. Para seguir con Carlo Ginzburg, en el Prólogo a *El regreso de Martin Guerre* dice:

> El motor de la pesquisa (y de la narración) de Davis no es la contraposición entre lo "verdadero" y lo "inventado" sino la integración, puntualmente señalada en toda ocasión, de "realidades" y "posibilidades". De allí deriva el pulular, en su libro, de expresiones como "acaso", "debieron (de)", "puede presumirse", "seguramente" (que en el idioma historiográfico puede significar "muy probablemente") y otras tantas. En esa coyuntura, la divergencia

20 Carlo Ginzburg, *El juez y el historiador. Consideraciones al margen del proceso Sofri*, Madrid, Anaya y Mario Muchnik, 1993, pág. 20.

21 Carlo Ginzburg, *El juez y el historiador*, pág. 20.

> entre la mirada del juez y la del historiador se muestra con claridad. Para el primero, el margen de incertidumbre tiene un significado puramente negativo [...] Para el segundo, activa una profundización de la investigación, que liga el caso específico al contexto, aquí concebido como lugar de posibilidades históricamente determinadas".[22]

La subordinación de la Historia al Derecho produce hacer mala ciencia y desnaturalizar la disciplina, ya que "principio de realidad e ideología, control filológico y proyección de los problemas del presente al pasado se entrelazan, condicionándose recíprocamente, en *todos* los momentos del trabajo historiográfico: de la identificación del objeto a la selección de los documentos, a los métodos de indagación, a los criterios de prueba, a la presentación literaria. La reducción unilateral de ese tan complejo entramado a la acción inmune frente a roces del imaginario historiográfico [...] parece reductora y a fin de cuentas improductiva".[23]

Ahora bien: es evidente que la investigación histórica, auto limitada en sus objetivos (probar la nacionalidad de un territorio) se estanca, y a lo sumo se reconvierte en una colección de detalles y estampas similares a aquellas con las que ilustrábamos nuestros cuadernos escolares. El río que fluye se transforma en pantano, se solidifica, encuentra un dique. Pero a la vez, como lo mueve una corriente poderosa, la del sentimiento nacional, emotivo vuelve sobre sí en un reflujo y se transforma, fundamentalmente, en un asunto de política interna, en una disputa por los sentidos del pasado. Descomponer ese proceso, romper el dique, analizar las vertientes de esa corriente liberada, permitiría redimensionar Malvinas y el Atlántico Sur como problema histórico y, tal vez, elaborar una agenda de trabajo.

---

22 Carlo Ginzburg, *El hilo y las huellas: lo verdadero, lo falso, lo ficticio*, Buenos Aires, FCE, 2010, pág. 439.

23 Carlo Ginzburg, *El hilo y las huellas*, pág. 456.

Juan Carlos Moreno: Gagarin de las Islas

Es probable que la actitud del viajero que descubre, que no es la misma que la del viajero que meramente visita, sea una de las más fructíferas para abordar de manera diferente el tema de Malvinas.

Cuando llegué a las islas por primera vez, en 2006, me sorprendió, al poco tiempo, encontrarme con los mismos apellidos que había leído en una obra de un viajero argentino escrita en la década de 1930. El apellido Biggs, por ejemplo, era el de un hombre que ante el destrato de los funcionarios coloniales británicos, había dicho en una reunión que preferiría la administración argentina, por lo que fue severamente reprendido.

Juan Carlos Moreno, el autor de la obra en cuestión, es un intelectual nacionalista que viajó a las Islas Malvinas a mediados de la década de 1930 y publicó *Nuestras Malvinas y la Antártida. Viaje de estudio y observación becado por la Comisión Nacional de Cultura*,[24] una obra que, desde su primera edición en 1938, alcanzó una gran difusión gracias a numerosas ediciones, a la actividad de difusión de su autor y a su inserción en el sistema educativo.

El libro de Moreno es un buen exponente de cómo el tema de las Malvinas comenzó a ser tomado con fuerza creciente por sectores nacionalistas

24 Juan Carlos Moreno, *Nuestras Malvinas y la Antártida. Viaje de estudio y observación becado por la Comisión Nacional de Cultura*, Buenos Aires, Junta de Recuperación de las Malvinas, 1948 (4ª. edición). Todas las citas a continuación corresponden a esta obra, salvo que se indique lo contrario. Edición original, 1938.

argentinos a partir de la década de 1930. Evidencia también, la "apropiación" de las políticas estatales públicas impulsadas por Alfredo Palacios, que había logrado la traducción y difusión de la obra de Paul Groussac.[25]En el "Prólogo" al libro, los promotores de la obra, agrupados en la Junta de Recuperación de las Malvinas, denunciaban un estado de cosas preocupante para la causa nacional:

> Este libro ha venido a remover un terreno semiabandonado y a cubrir la necesidad imperiosa de reflejar con fidelidad los valores económicos, sociales, y político militares del archipiélago argentino.
>
> El patriótico interés despertado por NUESTRAS MALVINAS ha permitido que, a pesar de su elevado precio, se agotara en pocos meses la primera edición. Poco después apareció la segunda, enriquecida con nuevos datos y fotografías, y a precios que la pusieron al alcance de todos los bolsillos [...] agotadas estas ediciones, el público siguió reclamando la obra en las librerías (pág. 5) .

Ese "terreno semi abandonado" no se condecía con la vigencia de la causa malvinera ni su presencia popular. De Allí la "necesidad imperiosa" que el docente viajero se había abocado a reparar con una actividad intensa mediante "numerosas conferencias que pronunció en la Capital Federal y en el interior y en una veintena de artículos publicados en diarios y revistas". El objetivo –la palabra no se había inventado todavía., era "malvinizar". El objetivo superaba a las islas. En la concepción de quienes presentaban la obra, la grandeza nacional estaba asociada a la recuperación del archipiélago:

> En todos los casos el autor hizo la necesaria rectificación histórica, demostró las bondades turísticas y económicas de las islas y, sobre todo, vigorizó el anhelo de recuperación, sin la cual no hay grandeza nacional posible"

Este desconocimiento no era privativo solo de las masas lectoras, sino también del público ilustrado y los especialistas, como destacó Moreno en un Informe elevado al Ministerio de Justicia e Instrucción Pública el 6 de marzo de 1939: "Autores de textos de historia y geografía se han documen-

---

25 Remito a los interesados a Guber, op. cit., Cattaruzza, Alejandro y Eujanian. Asimismo, Gonzalo Rubio García "Las posturas intelectuales y políticas en torno al reclamo de las Islas Malvinas (1920-1940)". En María Inés Tato y Luis Esteban Dalla Fontana, La cuestión Malvinas en la Argentina del Siglo XX. Una historia social y cultural, donde se hace referencia a la obra de Moreno. Rosario, Prohistoria, 2020.

tado en este libro para agregar a sus obras nuevos elementos de ilustración, de los que hasta ahora carecían" (pág. 6).

En la cuarta edición, de 1948, Moreno destacaba que el cambio de contexto político favorecía esa cruzada por el esclarecimiento de la importancia de Malvinas. En primer lugar, desde mediados de la década del 30, en una iniciativa que reconocía en Alfredo Palacios el impulso inicial, cuya posta había sido retomada por instituciones nacionalistas y tradicionalistas:

> En los últimos años el anhelo de recuperación se acentúa, exteriorizándose en diversos actos que alcanzan unanimidad nacional. En 1934 el senador Alfredo L. palacios proclama en el Congreso los derechos argentinos sobre el archipiélago. En 1936 la institución El Ceibo pide al Ministro de Justicia e Instrucción Pública la fijación del 10 de junio como día nacional de las Malvinas. El año 1938 fue copioso en reafirmaciones públicas de soberanía. El 23 de mayo la Alianza de la Juventud nacionalista realiza en el Teatro Marconi un gran mitin donde se reclaman ardientemente las tierras usurpadas. Tres nativos malvineros se presentan ante las autoridades nacionales solicitando una nueva documentación individual que los acredite como ciudadanos argentinos. En la revista *Figuritas*, el profesor Plin prosigue entusiastamente su campaña reivindicadora entre los escolares de todo el país [...] En julio de 1939 se funda en Buenos Aires la Junta de Recuperación de las Malvinas, integrada por un núcleo caracterizado de patriotas, que realiza una intensa compaña con el objetivo de formar una conciencia nacional acerca de la importancia moral y física del archipiélago y la indeclinable determinación de reintegrarlo al suelo patrio [...] El 3 de agosto de 1941 [...] se dio a conocer la marcha de las Malvinas (Rafael Obligado y José Tieri) (págs. 31-32).

Moreno destacaba que el crecimiento de la presencia de Malvinas en la cultura argentina se debía al impulso de los gobiernos peronistas. Desde 1946 "el país asiste a un resurgimiento de su dignidad", afirma, asociando el reclamo sobre Malvinas a esa reconstrucción: "El gobierno del general Juan D. Perón, surgido del movimiento revolucionario de 1943, está dispuesto a encarar con firmeza el respeto de nuestra soberanía sobre las Islas Malvinas y el sector de Antártida que nos pertenece. A la recuperación social y económica se propone añadir la recuperación territorial y espiritual del patrimonio perdido que habíamos heredado, expresa o implícitamente, de nuestros mayores" (pág. 34).

Pero lo que Moreno había descubierto en 1936, al viajar a las islas, era preocupante. Esa creciente intensidad del sentimiento malvinero y su presencia cultural en la vida política nacional en el Continente no era proporcional al precario vínculo material entre la Argentina y las islas. Las Malvinas estaban tan lejos materialmente como cerca simbólicamente:

> Cuando inicié los preparativos para emprender el viaje, me hallé ante esta extraña situación: en la actualidad no existe puerto argentino desde donde partan barcos que se dirijan al archipiélago patagónico.[26] Mis averiguaciones me llevaron a establecer que las embarcaciones que mantienen tráfico directo con las Malvinas zarpan desde Montevideo o desde Punta Arenas (pág. 40).

Para poder llegar a las islas Moreno tuvo que dar el domicilio de Mario Luis Migone, un salesiano residente en las islas, como un requisito indispensable para la visa de entrada. El religioso, de nacionalidad uruguaya, era el autor de un libro que también tuvo amplia circulación en la Argentina gracias entre otros a Moreno, que lo prologó: *33 años de vida Malvinera*.[27] El libro del salesiano pasó a ser parte de la biblioteca básica malvinera, presentado como "imparcial" dada su nacionalidad, aunque el sacerdote era un fervoroso defensor de los derechos argentinos.

Al sacar su pasaje, Moreno constató que era el primer argentino que en cinco años tomaba un barco con destino a Malvinas. Tras cuatro días y medio de navegación, en los que nunca divisó la costa argentina, llegó a Port Stanley: "Todo es nuevo, distinto para mí. Pueblo extraño, lengua extraña, rostros extraños. Me siento solo, cohibido. Me parece haber invadido una jurisdicción ajena. Confieso que experimento una angustia indefinible. Evidentemente soy un extranjero. ¡Y acabo de pisar tierra argentina!" (pág. 46).

Sensaciones parecidas expresó Guillermo Huircapán, soldado del Regimiento

> de Infantería 25 al evocar su llegada a Darwin en 1982: "Era una sensación bastante extraña. Uno sabía que esa tierra era nuestra, pero veía gente que ni siquiera hablaba nuestro idioma".[28]

La primera conmoción fue constatar que las islas podían estar usurpadas, pero no estaban ni despobladas ni abandonadas. Todo lo contrario. A

26 No me resisto a señalar que esta situación ha empeorado en el presente, mientras que en la década de 1970 se había logrado establecer el puente aéreo entre el Continente y las Malvinas vía Comodoro Rivadavia.

27 Mario Luis Migone, *33 años de vida Malvinera*, Buenos Aires, Club de Lectores, 1948.

28 Citado en Graciela Speranza y Fernando Cittadini, *Partes de guerra. Malvinas 1982*, Buenos Aires, Edhasa, 2005, pág. 32.

ojos de Moreno estaban mejor dotadas que los puertos continentales argentinos. De paseo por el puerto:

> Llama la atención a quien ha visto estos muelles y conoce los pueblos patagónicos, la despreocupación de las autoridades argentinas por dotar con buenos puertos las costas del sur, donde generalmente el desembarco de pasajeros y la descarga se realizan con medios dificultosos [...] Stanley cuenta con todos los recursos de una ciudad continental: aguas corrientes, cada vez más extendidas, alumbrado eléctrico: obras sanitarias; una red telefónica local conectada con los puertos más importantes y los establecimientos ganaderos; una estación radiotelefónica oficial [...] un gimnasio y una sala de baños públicos, y centros deportivos y culturales, con estadios para ejercicios al aire libre (pág. 58).

Moreno encontró unas islas tan intensas en la memoria y en el anhelo de recuperación de sus compatriotas como desconocidas y *separadas* de la vida argentina. No en vano destaca una particularidad de su población, a la que volverá en repetidas ocasiones: "para los nativos estos fragmentos de tierra constituyen todo su mundo" (pág. 69). Y señalaba una situación compleja, en la que había que entender que los isleños eran un grupo social particular. Para el visitante argentino eran "malvineros" a los que definió por oposición a los funcionarios británicos:

> Conviven en las Malvinas dos tipos de distinta psicología, aunque de un mismo origen racial: el inglés y el malvinero [...] El inglés es, en realidad, para el nativo, un extranjero, un individuo enviado por la corona o por una agencia comercial británica, ilustrado, elegante, si es posible, que va a las islas para desempeñar cargos superiores que no puede o debe desempeñar el malvinero (pág. 62).

Pese a ese "origen racial" común, el ambiente que habita, la experiencia de vivir en las islas ha conformado una población particular: "El malvinero, en contacto asiduo con una naturaleza rigurosa, acaba por formarse una constitución física fuerte y sufrida, que lo hace despreocupado frente a los elementos desencadenados [...] Los malvineros son muy propensos al miedo y a la superstición. Los pueblos rudos y aislados padecen estas debilidades" (págs. 76-77). En la crónica asombrada y honesta de Moreno, defensor de los derechos argentinos sobre las islas, aparece sin embargo la descripción de un pueblo particular:

> El malvinero nativo está allí en las islas con en su elemento. Nació allí, se crió allí, conoció ese cielo azul, esas colinas coronadas de blancas rocas,

> esos vientos silbadores, ese mar de olas atronadoras, esa llovizna familiar, esas largas nevadas invernales. Es humanamente dichoso. No sería extraño, pues, si desarraigado de su terruño, al no resistir la atmósfera cálida de los pueblos del norte, ni el bullicioso tráfico ni la agitada vanidad de las grandes ciudades, donde su espíritu se siente solo, fuera de su ambiente, como el pez fuera del agua, deseare el pronto retorno a la quietud acogedora de su isla natal (pág. 122).

Para Moreno los británicos son una cosa y los isleños otra. Si desde el punto de vista de la posición diplomática argentina los isleños son británicos que habitan (o, más agresivamente "ocupan") territorio nacional usurpado, el viajero argentino afirma, tras pasar un tiempo en las islas, que ha "sacado en limpio la siguiente conclusión: los ingleses defienden ciegamente la posesión británica y lo expresan sin ambages. El nativo, en cambio, es más reservado en su opinión, porque él no es inglés, porque a él no le interesa defender la situación inglesa" (pág, 160. Mi subrayado).

Son dos ideas fuertes, cargadas de sentido y problemáticas para la posición argentina que niega el principio de autodeterminación que invocan los malvinenses en el presente: para Moreno en Malvinas hay *nativos*, a quienes la posición colonial inglesa *no les interesa*. Más aún, según su libro, hacia finales de la década de 1930, cuando hizo su viaje, los isleños afirmaban una identidad propia mientras que desconocían la historia de las islas (lo que no quiere decir que, de conocerla, habrían abrazado la posición argentina): "En realidad soy malvinero. No puedo decir que soy argentino. Mis antepasados eran ingleses. Esto no quiere decir que no tenga simpatía por la Argentina. Al contrario, conservo muy buenos recuerdos de ella", evoca Moreno que le dijo un isleño. Y agrega que "fruto de su mismo aislamiento",

> ... la situación de los insulares en lo que atañe a su nacionalidad es ambigua. La mayoría desconoce con fidelidad los antecedentes del litigio. Tienen una vaga noción de la legitimidad de las pretensiones argentinas, a través de breves historias falseadas. Han oído en el curso de muchos años que la Argentina reclama las islas y sostiene sus derechos de soberanía, pero como no se ha producido ningún suceso trascendental que lo justifique, acaban por no dar importancia a la cuestión (pág. 161).

A diferencia de los viajeros modernos, Moreno tuvo oportunidad de visitar los restos de las viviendas construidas por Luis Vernet (comandante político y militar de las islas desde 1829) y fue el primero en acuñar un símbolo que todavía hoy con frecuencia se recuerda hoy como favorable a la posición argentina:

> En las Malvinas no se llaman las cosas camperas como en gran Bretaña, sino como en la Argentina. Se dice allá comúnmente campo, estancia, recado, apero, palenque. Los caballos son denominados, hasta por los mismos ingleses residentes, por el color del pelo, como nosotros lo hacemos: zaino, alazán, tordillo, malacara. ¡He aquí una auténtica tradición criolla todavía latente después de un siglo de la usurpación! (pág. 163).

Está claro que esta constatación, más que probar la soberanía argentina sobre el territorio, llama la atención, desde el punto de vista historiográfico, de la importancia de atender a fenómenos históricos sociales y culturales más extendidos en el tiempo y que no son sincrónicos con el desarrollo de los estados nacionales ni respetan sus límites geográficos. Una preocupación que, por supuesto, no le podemos pedir a Moreno, pero que como investigadores no podemos soslayar. Moreno, más bien, se asombra ante una realidad particular, marcada por la experiencia del lugar que se habita: "tan cómodamente vive el malvinero dentro de su reducida esfera, como el porteño en medio de la afiebrada y compleja sociedad moderna" (pág. 183).

Ya en aquel entonces Moreno señalaba que la resolución del conflicto y la recuperación de las islas llevaría tiempo y que no sería fácil:

> La hipótesis de una penetración paulatina con el propósito de constituir un sector de argentinidad en las islas, debe ser descartada por irrealizable. No niego que ese procedimiento llegaría a formar una conciencia nacionalista reivindicadora con la afluencia e trabajadores y de patriotas argentinos, es que el gobierno inglés impedirá desde el comienzo esa penetración [...]Hay quienes piensan en la conveniencia de medidas radicales, de hechos consumados, como por ejemplo, de una invasión por sorpresa, con el apoyo o sin el apoyo de las fuerzas navales. Esta es una actitud aventurada y destinada a fracasar, si no se tienen presentes los recursos defensivos con los que cuentan las islas y la posición de las relaciones diplomáticas existentes entonces entre los gobiernos argentino y británico (pág. 233).

Moreno señala que "una vez recuperadas las islas, con la ocupación efectiva por el gobierno argentino, quedaría por cumplir la segunda parte de la acción reivindicadora: la reconquista espiritual" (pág. 235). Esa "reconquista" podrá hacerse desplazando las marcas culturales de la presencia británica:

> Los argentinos encontrarán que toda la vida insular estará señalada con el sello de Inglaterra. El idioma, fundamental lazo de cultura, las costumbres, la prensa, los hábitos, los nombres de los puertos, de la flora y de la fauna apa-

> recerán con la toponimia inglesa. Habrá que contar, también, con este hecho que indefectiblemente tendrá que producirse: los residentes ingleses emigrarán de las islas, y probablemente harán lo mismo los malvineros que tengan intereses en Londres y que no deseen someterse a la tutela de Buenos Aires.
>
> Permanecerá la gran masa de los nativos, en quienes las autoridades no hallarán resistencia, pues tanto significará para ellos, en general, una u otra dependencia, ya que geográficamente se consideran malvineros o patagónicos (pág. 235).

Es llamativo que para Moreno los nativos son "malvineros o patagónicos". Podría considerarse como una señal de apertura, si no fuera por el hecho de que acto seguido habla de la necesidad de la "colonización lingüística". A sus ojos, medidas como la castellanización de la toponimia serán centrales para revitalizar una presencia nacional subyacente en las islas.

> La implantación oficial del idioma castellano; la enseñanza de la historia nacional y particularmente la de las Malvinas, adulterada por los ingleses; la asimilación a la vida social argentina, que por otro lado, colmará el anhelo de muchos que hallarán facilidades para trasladarse a Buenos Aires o a la Patagonia, bastante más cerca de su terruño que de Gran Bretaña, llenará cumplidamente este importante aspecto espiritual de la reivindicación de los insulares.
>
> El escaso idioma castellano, enseñado por el colegio católico; los vestigios de la criolledad, pocos, pero vivos y profundos, aún subsistentes en el campo, se vigorizarán con la influencia nacional, ya no solamente el vocabulario de la estancia será criollo, sino que una nueva nomenclatura argentina sustituirá a la extranjera en la designación de los puertos, de las calles, de los accidentes geográficos, de la vida entera del archipiélago (pág. 236).

Para Moreno la falta de realización nacional iba más allá de Malvinas. Más allá de la presencia británica en las islas, los territorios australes aún no tenían el lugar que les estaba reservado en el desarrollo nacional:

> La Patagonia dejará de ser un desierto inmenso y hostil, una tierra de expoliación y miseria, para convertirse en la anchurosa región de las grandes realizaciones sociales del porvenir, en un centro laborioso, donde se exploten honradamente sus enormes fuentes de riqueza, cuyo florecimiento ya se vislumbra en el horizonte. La Patagonia será el principal territorio de enlace y de intercambio comercial, cultural y espiritual con las Islas Malvinas, ya incorporadas definitivamente y en marcha armónica con los demás estados argentinos (pág. 236).

En resumen, la visita de Moreno a las Islas Malvinas mostró tanto la ignorancia de la sociedad argentina acerca de la vida en las islas como la especificidad de la comunidad malvinense (que no era inglesa, sino "malvinera") y la imperiosa necesidad de iniciar acciones concretas de información, educación y apropiación cultural. De allí sus charlas, sus iniciativas públicas, su intensa actividad como gestor de una memoria de Malvinas que las volviera significativas para los argentinos. Para Moreno, por otra parte, la Argentina no estaría completa, ni se realizaría, hasta tanto no se recuperaran las islas.

En esta idea seguía la huella de otro nacionalista, Ricardo Rojas, que publicó las reflexiones que le generó su experiencia como preso político en Tierra del Fuego en 1934 (dos años antes del viaje de Moreno). Allí especula sobre las relaciones entre la Argentina y la Patagonia y dedica algunos párrafos a las Malvinas. Para Rojas la élite dirigente argentina, por su origen y constitución, tenía una imposibilidad congénita para comprender lo que estaba en disputa:

> La mentalidad ganadera y pampeana de Buenos Aires carece del sentido ecuménico del mar, en cuyo ámbito se ha desenvuelto la civilización moderna. Si reocupáramos las Malvinas quizás no se nos ocurriría otro destino que poner allí un presidio.[29]

Señalaba además que el reclamo sobre las islas ocupadas por Gran Bretaña tenía mucho de retórico, ante la ausencia de un pensamiento que integrara la Patagonia al cuerpo nacional:

> Si las Malvinas no hubieran salido de nuestros dominios, ¿las tendríamos desiertas como la isla de los Estados, o habríamos fundado allí un presidio, como en Tierra del Fuego? Quizás yo estaría escribiendo en Puerto Stanley, no en Ushuaia, pues tendríamos allí un lugar de confinamiento más adecuado a tal destino, por ser menos fértil que Ushuaia, y más remoto (pág. 216).

Para Rojas el cambio de mentalidad era urgente. Por un lado, porque "Inglaterra, nación navegadora y Chile, antagonista en el litigio, tuvieron siempre un conocimiento geográfico mayor y más conciencia que nosotros sobre la importancia de esta región y de sus islas" (pág. 94). Pero, sobre todo, porque las características geográficas de la Argentina la forzaban a ser un país marítimo. Para Rojas transformar a la Argentina en un país

---

29 Ricardo Rojas, Archipiélago: *Tierra del Fuego*, Ushuaia, Südpol, 2014, pág. 172. A continuación todas las citas corresponden a esta obra.

marítimo era una tarea patriótica. Es evidente que esa constatación, en la década de 1930, sigue siendo una vacancia cultural y económica (volveré sobre el punto):

> La República Argentina tiene un destino marítimo que le imponen sus extensas riberas y sus posesiones insulares en esta región; no puede, sin mengua de su honor, de su seguridad, de su poder resignarse a ser tan solo un testigo indiferente en comarcas de su propia soberanía. Los militares y marinos de nuestra bandera deben ser las avanzadas en las nuevas empresas que nos impone el patriotismo (pág, 209).

Leídas desde el presente, las palabras de Rojas muestran un camino que el desarrollo histórico argentino fue cerrando: el de la apertura al mar. Pero en aquellos años le parecía era una tarea fundamental, que el pensador asignaba a las nuevas generaciones. De alguna manera, el país encontraría su destino en las fronteras australes: "el problema del Sur es otra empresa heroica impuesta por el destino de nuestra patria. La nueva generación argentina debe realizarla; y los gobiernos deben hallar el plan, los hombres y la inspiración creadora" (pág. 214).

Rojas era consciente de que la apropiación del espacio no podía ser solo simbólica o impulsada por actores del Estado. De allí que imaginaba un proceso de expansión y ocupación de la Tierra del Fuego como una imprescindible etapa previa:

> Si la contienda se desenlazara un día por arbitraje o por tratado amistoso o por reordenamiento del mundo, y las Malvinas volviesen a nuestro dominio, aquellas islas continuarían siendo un problema para nosotros. Lo serían porque no hay allí argentinos y porque su incorporación real a nuestra soberanía dependerá de la obra que previamente hayamos realizado en Tierra del Fuego, base de nuestra nacionalidad en los mares del Sur. Por eso incluyo al otro archipiélago en estas notas sobre el archipiélago fueguino (pág. 219).

Pero como preso, Rojas constató lo lejos que se hallaba la Argentina, en la década de 1930, de poder materializar ese país imaginado: "Tierra del Fuego es aquí el único baluarte de nuestra nacionalidad" (pág. 220). Que lo piense como preso político de ese mismo estado nacional no deja de ser una aleccionadora paradoja, que lo lo confina en el extremo austral como máximo castigo.

Si Rojas había advertido sobre la ausencia de interés argentino en las zonas australes y Moreno la había constatado años después, dos décadas más tarde otro visitante arribó a las islas. El radical Hipólito Solari Yrigoyen desembarcó en Port Stanley en 1957, para encontrar un panorama similar al que había descrito Moreno veinte años antes.[30] Llegó junto con esposa a bordo del "Darwin", y al igual que Moreno, debió hacer visar su pasaporte y partir desde Montevideo: "La mayoría de los pasajeros eran malvineros, que regresan de pasar sus vacaciones en Inglaterra, aunque viajaban también algunos ingleses y escoceses, contratados para determinados trabajos en las Islas" (pág, 22).

El libro, aparecido dos décadas después del de Juan Carlos Moreno, es prácticamente un calco del primero. No porque el político radical los hubiera copiado, sino porque la situación en las islas no había cambiado. Recuerda, por ejemplo, sus diálogos con Cameron, un isleño que había pasado su juventud en un campo de la provincia de Buenos Aires para aprender la crianza de ovejas. El diálogo sirve para ver la presencia que tenía el tema en la cultura argentina:

> —Los argentinos, ¿aún reclaman las Islas Malvinas? -me preguntó
>
> —¡Usted sabe muy bien que es así! -respondí.
>
> —Pero, ¿siempre se habla en Buenos Aires de las Malvinas?
>
> —Bueno, no es un tema de todos los días, lo que no quita que nadie dude sobre los derechos argentinos en las islas. No se comenta a diario que hay leones en África pero todos saben que los hay -agregué.

Y pese a que el vínculo marítimo era vía Montevideo, las islas estaban económicamente conectadas a la Argentina: "la fruta, el queso, la manteca, el jamón, la panceta, el tocino y el trigo que se consumen en las Islas, tienen origen argentino, y no inglés, como casi todos los artículos que hay en el archipiélago" (pág. 22).

Al igual que Moreno, Solari Yrigoyen distinguía dos tipos de habitantes en las islas. Los ingleses y los isleños:

> Si a cualquier nativo de las islas se le preguntara si es inglés, sin duda respondería:
>
> —¡Oh, No! Yo soy malvinero [...]
>
> En las Malvinas viven dos clases sociales típicamente determinadas y una intermedia. Por un lado, se encuentra la clase superior, formada por los funcionarios de la Corona venidos de Inglaterra, los jefes de la Falkland

30 Hipólito Solari Yrigoyen, *Así son las Malvinas*, Buenos Aires, Librería Hachette, 1959. Todas las citas a continuación corresponden a esta obra.

> Islands Company y los estancieros. Hay también una reducida clase media, integrada por los empleados y artesanos ingleses de menor jerarquía. Finalmente en el escenario social del archipiélago están los nativos, que forman la clase baja de escasas aspiraciones. Ellos son para los ingleses -y utilizó la comparación por lo gráfica- como los "cabecitas negras" para algunos porteños con prejuicios (pág. 89).

Solari Yrigoyen describe a los isleños como "de reducidas inquietudes [...] Aunque descendiente de ingleses en varias generaciones, por lo general no ha salido de las islas" y en consecuencia:

> El rasgo de indiferencia que he señalado en el carácter de los malvineros, se refleja también en el litigio de derecho y hecho de ocupación que Argentina e Inglaterra mantienen respectivamente. Los nativos viven al margen del mismo. Como queda dicho, pese a ser descendientes de británicos, no se sienten tales, sino malvineros. Tampoco se consideran argentinos y les causa gracia saberse discutidos por dos gobiernos. Sin embargo, cabe aclarar que con Inglaterra mantienen vínculos de familia y amistad que no existen, por supuesto, con Argentina (págs. 92-93).

Pero a finales de la década de 1950, Solari Yrigoyen encontró en las islas "nativos que prefieran nuestra nacionalidad, aunque solo sea tácitamente, sin expresarlo" (pág. 97). La mayor fuente de enojo tenía que ver con la presencia y modos de la Falkland Islands Company: "Los malvineros ven con muy poca simpatía a esta empresa comercial que los agobia con sus exigencias y que controla los precios de todos los artículos que se consumen o utilizan en el archipiélago. Por medio de los fletes. Muchas quejas oí tanto en Puerto Stanley como en el interior" (pág. 115).

Durante su estadía en Malvinas Solari Yrigoyen se enteró por una emisora argentina, Radio Excelsior, "una de las que se escuchan bien en las islas", de la muerte del intelectual que lo había impulsado a hacer ese viaje: "el venerado maestro Ricardo Rojas, quien tanto me había animado a realizar el viaje a las Islas Malvinas" (pág, 136).

Veinte años después de la visita de Moreno, Solari Yrigoyen había encontrado unas islas tan lejos de Gran Bretaña y de la Argentina como entonces. Impresiona la idea de que fuera precisamente allí que las ondas de radio llevaron la noticia de alguien que había advertido acerca de esa situación. Al igual que Moreno, la constatación de una ausencia era la que lo había llevado a poner por escrito sus impresiones "para tratar de despertar el interés por el conocimiento de las Islas Malvinas" (pág. 165). Dicha ausencia consistía en una retórica nacionalista acerca de una usurpación pero que no se sostenía ni en el conocimiento del lugar, en el sentido de lugar vivido, lo que es comprensible, sino en cuanto a bagaje cultural.

Evidenciaba, si volvemos a Rojas, un problema más grave: el país no estaba preparado culturalmente para ser un país marítimo, como había podido constatar en carne propia el autor de *El Santo de la Espada*. Lo único que marcaba la presencia argentina en aguas australes era Ushuaia y, más específicamente, un presidio.

Para Juan Carlos Moreno y para Hipólito Solari Yrigoyen reclamar las Malvinas no podía ser como reclamar la Luna. En 1961 Yuri Gagarin, el astronauta soviético, fue el primer ser humano en salir al espacio exterior y ver la Tierra desde allí. Alguien que extendió la presencia humana hacia una dimensión desconocida, que estuvo allí donde sus semejantes sólo podían dirigir sus miradas y la imaginación. Comprendemos mejor la eficacia de la forma en la que José Luis Muñoz Azpiri, de cuya obra nos ocuparemos más adelante, llamara a Moreno el "Gagarin argentino": el hombre que llegó primero a un espacio (habitado) y que a la vez, difundió información sobre un lugar, las Malvinas, que siempre convocó imaginaciones y sueños, pero del que los argentinos sabían poco y nada, salvo que estaban usurpadas. Moreno llegaba a un lugar tan exótico como podía ser el espacio exterior.

¿Cuánto más hemos agregado a esos saberes hoy? Tal vez, así como Moreno fue Gagarin, el primero, todos estamos en una suerte de viaje inaugural en relación con las islas, y que por eso mismo sería bueno viajar dispuestos a la sorpresa y al cambio de opinión

Es muy posible que en la genealogía de obras "malvineras" las crónicas de Moreno –que siempre defendió la posición argentina– hayan quedado relegadas por una cuestión muy simple: el énfasis en la identidad isleña, realzado además por la denuncia de la presencia imperialista británica, es un argumento poderoso para una idea que choca con los títulos históricos argentinos y con la posición diplomática argentina, que niega el principio de autodeterminación. Si los isleños son diferentes que los ingleses, entonces no es tan sencillo denunciarlos como "ocupantes". Este reconocimiento de la experiencia histórica, que los transforma en "malvinenses" o "falklanders" (como ellos se llaman) los emparenta con aquellos argentinos que se reconocen como fueguinos, cordobeses, o correntinos. Desde el punto de vista de la experiencia histórica, no son una población implantada sino una cuya identidad histórica se ha conformado al habitar un espacio concreto, las islas. Un proceso no muy diferente al de los argentinos que viven en territorio continental. Por eso mismo, ya desde el sentido común, ya desde una decisión racional, textos que sostengan esa identidad cuestionan la posición diplomática argentina, aunque los produzcan autores que reivindican los derechos argentinos sobre las islas.

La reivindicación de los "malvinenses" para denunciar el imperialismo británico, funcional al discurso de Moreno y de Solari Yrigoyen y coherente con un paradigma ideológico de época, es incluso moderna aunque no se lo proponga, al apuntar a derechos que son parte del discurso político sobre todo desde finales del siglo XX. Pero por eso mismo choca con la posición oficial argentina, que no los contempla. Posición construida desde la primera mitad del siglo XX y consolidada luego de la creación de las Naciones Unidas, en 1948.

El gaucho entra en la historia

En 1956 el folklorista Martiniano Leguizamón Pondal publicó *Toponimia criolla en las Malvinas*,[31] un libro que iba a hacer dos aportes fundamentales a la construcción de la causa malvinera: la recuperación del pasado español y criollo previo a la ocupación británica, visible en los accidentes geográficos y en la terminología campera (fundamental para las discusiones que vendrían luego y para la reapropiación popular del tema) y la reivindicación de la figura del gaucho Antonio Rivero, uno de los peones que Luis Vernet había contratado para llevar a las islas y que fue la figura central en los sangrientos sucesos que siguieron a la ocupación británica de las islas en 1833, pero cuya interpretación dividió aguas: algunos verían un simple hecho delictivo; otros, un acto de resistencia al colonialismo anclado en el pasado criollo.[32]

31 Martiniano Leguizamón Pondal, *Toponimia criolla en las Malvinas*, Buenos Aires, Editorial Raigal, 1956.

32 En enero de 1833 los británicos ocuparon por la fuerza las islas Malvinas. Tras la expulsión de las autoridades designadas por el gobierno de la provincia de Buenos Aires, quedaron en el archipiélago algunos de los pobladores que Luis Vernet, como comandante político y militar, había llevado unos años antes para que se asentaran y trabajaran allí. Muchos eran gauchos, otros eran aborígenes e inmigrantes europeos. Uno de ellos se llamaba Antonio Rivero, y según el censo que elaboraron los ocupantes ingleses, en 1833 tenía 26 años. Luego del ataque Onslow, el comandante británico, abandonó las islas sin dejar ninguna autoridad constituida. Solo le dejó a un residente (William Dickson) el encargo de izar la bandera inglesa los domingos. Tiempo antes, a finales de 1832, se había producido el asesinato del comandante interino que el gobierno de Buenos Aires había enviado luego de que un buque estadounidense arrasara las instalacio-

Es probable que la apropiación de la figura de Rivero en clave positiva no sea azarosa: un año antes de la salida del libro de Leguizamón Pondal un golpe militar había derrocado a Juan Domingo Perón, durante cuyas presidencias los sectores populares alcanzaron notables espacios de visibilidad simbólica y participación económica, mientras que desde el Estado se impulsó una importante campaña de concientización sobre los derechos argentinos sobre la Antártida y las Malvinas.[33]

El objetivo del libro de Leguizamón Pondal era explícitamente patriótico: encontrar "las huellas de la nacionalidad argentina" en Malvinas a partir de su toponimia y, en particular, establecer los nexos con la tradición gauchesca (lo que reforzaría ese parentesco). Así lo afirmó en el "Prólogo":

> No pretendemos haber realizado una labor exhaustiva halagándonos solamente poner en evidencia las profundas huellas de nuestra nacionalidad existentes en las islas Malvinas, señales que perduran cuando un pueblo con lazos de origen, idioma, religión y tradiciones formativas de la patria es sojuzgado por otro, aunque este sea poderoso [...]A través de cincuenta nombres criollos difundimos a manera de un astro que rutila y no se apaga, la argentinidad de las Malvinas no obstante haber sido usurpadas por la fuerza bruta. "Falta histórica" no digna de una democracia que blasona de ser monitora en el respeto a los demás, al punto de haber luchado por los oprimidos.
>
> Deseamos hacer revivir escenas gauchescas como si hubiesen estado ocultas por un velo: personajes y sucesos; leyendas y panoramas que tienen el dulce y mágico prestigio de las cosas que pasaron y que no tornan ni alteran la verdad.[34]

El libro es un anecdotario muy atractivo basado en los topónimos de origen castellano en las islas, que son además la base para contar una nueva versión de la historia del archipiélago con el gaucho como protagonista

---

nes de Puerto Luis, mientras que Vernet se hallaba en Buenos Aires. Así, el estado de la colonia era precario, con varios hechos de violencia y sangre recientes y con un futuro incierto luego del ataque inglés. En este contexto, el 26 de agosto de 1833 se produjeron los incidentes protagonizados por el gaucho Antonio Rivero y sus compañeros, en los que cinco empleados de Luis Vernet que continuaban ejerciendo la representación de sus intereses, fueron asesinados. Durante algunos meses, en Malvinas convivieron los gauchos de Rivero y un puñado de habitantes que había huido aterrado a un islote. Finalmente, una partida de *royal marines* capturó a los gauchos con ayuda de otros pobladores y de algunos de los alzados, los engrilló y los envió a Inglaterra para ser juzgados.

33 Para un panorama de la política antártica peronista ver Pablo Fontana, *La pugna antártica. El conflicto por el sexto continente 1939-1959*, Buenos Aires, Guazuvira, 2014.

34 Leguizamón Pondal, *Toponimia criolla*, pág. 9. Todas las citas que siguen pertenecen a esta obra salvo aclaración.

principal: si las Malvinas son argentinas, es porque las habitaron los criollos antes del despojo inglés. Y esa presencia criolla condiciona la aproximación al pasado. No se puede presentar una obra como *Toponimia criolla* rindiendo tributo a la "historia tiesa" con la que Leguizamón Pondal identifica a los historiadores liberales de la Nueva Escuela Histórica (y que es la que había realizado la acumulación primitiva de antecedentes favorables a la soberanía argentina). La falta de fuentes históricas para sostener su mirada es explícita, pero subsanará esa carencia con la apelación al sentimiento nacional:

> Son acontecimientos de rudos pobladores con sus hábitos, dichos, modismos y giros e incluso con gracejo y humorismo, en cierto modo reñidos con la gravedad tiesa de la historia escrita al modo clásico en el que importa la frase aunque la documentación esté vacía de crítica, las generalizaciones filosóficas vagas y en los ojos un par de viejas, en vez de niñas [...] Confesamos que no hemos encontrado la misma riqueza de materiales para todos los capítulos, pero huelga decir que todos han sido trabajados con igual afán, amor y entusiasmo (pág. 35).

Leguizamón Pondal había utilizado los libros de Moreno y el salesiano Mario Luis Migone para evocar que en las islas se usan palabras castizas. Con ese antecedente y con un trabajo de crítica a fuentes británicas que le había proporcionado Ricardo Caillet-Bois –que detalló con ironía en los agradecimientos–[35] Leguizamón Pondal estableció un linaje lingüístico para la nacionalidad del archipiélago. El "alma insular" es argentina:

> Esa gente criolla de hace más de un siglo: colonos, marineros, militares, gauchos e indios formaron el alma insular con sus costumbres y sus medios de expresión generadores de esos preciosos topónimos similares a todos los demás argentinos, puesto que estaban fundidos con idénticos componentes, en el crisol americano y vaciados en el molde patrio". Los criollismos visibles en el paisaje, surgidos de una presencia, "afirman el entronque de la nacionalidad; y destilan la perfección de nuestro título (pág. 14).

35 Mejor podríamos decir picardía criolla:: "DEDICATORIA: Al Foreign Office, el Colonial Office, la Encyplopedia Britannica, The Nautical Magazine and The Weekly Dispatch/ A los almirantes Baker y Seymour/ A los capitanes Cook, Fitz Roy, Gipps, Onslow, Oatts, Rea, Smith y Weddell/ A los señores Allardyce, Boyson, Bridges, Darwin, Davies, Helsby, Mackay, Metcalf, Molesworth, Mackinnon, Philip, Proctor, Vallentin y Withington, quienes nos han brindado, sin advertirlo, informaciones de un valor inestimable para la urdimbre de este alegato, nuestro más profundo agradecimiento".

Toponimia criolla es el primer libro que reivindicó el levantamiento de un grupo de gauchos liderados por Antonio Rivero ante el vacío de poder generado por el ataque británico de enero de 1833. Leguizamón Pondal se diferencia de los historiadores ingleses y de los "argentinos que han seguido a los primeros":

> Al estudiar la revolución del 26 de agosto llegamos a una completa originalidad, porque analizamos los hechos con otra visión que la de meros conflictos de apetitos, señalamos un total disentimiento en la interpretación de sus motivos y sus fines con los historiadores ingleses y con los argentinos que, en este suceso, han seguido a los primeros, sin pensar, quizás, que así no explicaban el sentido histórico de ese acontecimiento, discrepancia que no nos mueve a irreverencias ni siquiera a menguar nuestra alta estima hacia los maestros (pág. 10).

Leguizamón Pondal marca su diferencia con la historia académica que había trabajado arduamente, desde el trabajo pionero de Paul Groussac, en la acumulación de un corpus documental que sostuviera el reclamo argentino. A su juicio, los historiadores argentinos habían seguido la interpretación británica paras explicar la actuación de Rivero y sus gauchos. Esa diferenciación introdujo una cuña en la mirada argentina sobre el conflicto por las islas con el Reino Unido. Al fundar el mito Riverista, Leguizamón Pondal rompió la unanimidad argentina acerca de Malvinas, al menos desde el punto de vista interno. Para el autor de *Toponimia criolla*, los títulos históricos no eran el argumento principal, sino las marcas criollas en suelo malvinense y la reacción popular ante el ataque inglés. Así, "Malvinas" se transformó también en un asunto de política interna, puesto que en lo que no hubo ni hay acuerdo es en la interpetación de los sucesos de agosto de 1833 (que Pondal llama "revolución"). Esa disputa por la explicación del alzamiento, construida con fuentes históricas británicas, se desarrolló inicialmente en el contexto de la proscripción del peronismo, con lo que la identificación entre Rivero y los resistentes, a partir de argumentos nacionalistas de raigambre popular y encarnados en una figura del irredentismo nacional como las Malvinas, iba a ser enormemente potente.

En ese contexto, la obra de Leguizamón Pondal no solo reforzaría la posición argentina al sostener la criollidad de Malvinas como argumento, sino que por extensión funcionaría como denuncia ante la limitación ideológica de historiadores que replicaban ideológicamente lo que sucedía en el país, la proscripción de las mayorías:

> Los historiógrafos argentinos [...] han estudiado la historia y conflictos malvineros sin preocuparse de la revolución del 26 de agosto, porque transcurrió después de que nos hubieran arrebatado las islas, a tal punto que algunos ni la citan, y los otros no le reconocen ninguna trascendencia [...] Por nuestra parte vemos al capitán Antonio Rivero, en esa suerte de gigantesco escenario que los cielos severizan y que las rocas dan aspecto épico, eternizado sobre su caballo que fue su alcázar, rostro al abuelo Atlántico, empapado en su poncho y arrebolado por la aurora anticolonialista que ya rompe y centellea, voceando contra los estados imperialistas criados en siglos de guerras (pág, 119).

Para el autor de *Toponimia* Antonio Rivero es el "último revolucionario argentino" (pág, 47). Las páginas en las que describe la agresión británica y la reacción de los gauchos son muy bellas pero tienen una gran cantidad de licencias poéticas, con resonancias en la iconografía y la literatura gauchesca. Leguizamón Pondal asigna a Rivero algunas de las características que arquetípicamente porta el personaje campero: la defensa del honor, la valentía, su simbiosis con la tierra que defiende por ser hombre de campo. Y entonces, si la toponimia castellana refuerza la soberanía, es lógico que sea el mismo suelo malvinense, dotado de vida propia, el que quiera echar al agresor:

> Frente a la comandancia, se estiraba ufano el paño a tres franjas: la una blanca y las otras dos celestes, cuando su pureza fue rozada por las manos de un oficial y un marinero herejes. Con no poco espanto el sol naciente de la libertad se ocultó en las bandas celestes. Al punto la tropa de usurpadores se embarcó para su barco, quedaban en tierra su comandante y dos o tres oficiales, varios soldados y la extraña bandera que el viento malvinero furioso quería arrancar (págs. 38-39).

El gaucho reaccionará desde su escala de valores anclados en el trabajo de campo frente a la traición del "amigo" británico, movido por valores mercantiles, que no tienen que ver con el honor:

> Solo bastó el espacio de un cuarto de hora para consumarse el más irritante despojo, la usurpación más odiosa, la afrenta más injusta, cuya herida al tiempo no le fue posible ni le fuera cicatrizar, haciéndose cada vez más viva y lacerante, tanto cuanto el agravio fue imprevisto, por tratarse de Gran Bretaña, nuestra amiga de la primera hora (pág. 48).

Si hasta la tierra se sentía despojada por la agresión británica, ¿qué decir de los hombres? La redacción de Pondal esencializa tanto el espacio como a los actores históricos, transformando la usurpación en un problema de índole espiritual:

> Quedaban las islas en manos extranjeras: el irlandés Dickson enarbolando la Union Jack: el escocés Brisbane de mayordomo; y el francés Simón de capataz lo que exacerbaba a los argentinos, irritados ya porque el almacenero Dickson no quería aceptar los vales de Vernet alegando que eran papeles sin valor [...] Brisbane y Simón, a su vez, pretendían que se trabajase con ardor renovado, ya que se estaba bajo el dominio de gran Bretaña. Es que eran europeos, tenían espíritu de encomenderos, no tenían corazón de argentinos ni alma americana (pág. 49).

Los "titanes" liderados por Rivero comienzan su conspiración para echar a los agresores, mientras "los dos bandos, Europa y América, se fueron demarcando con mayor precisión" (pág. 50). Agregamos, Europa *y sus agentes locales*, porque "Buenos Aires no oyó el llamado de Rivero, el galope de sus potros, el crepitar de su fogón, el escalofrío de la idea anticolonialista". Mientras se consumaba la agresión, Rivero y sus compañeros mataron a los representantes de Vernet: "los gauchos llevados casi al frenesí, con una furia patriótica, sacaron la enseña inglesa y, delirantes, enarbolaron la de Belgrano y, seguramente, alborozados, sacaron más de un corcho renaciendo las esperanzas de comunicarse con el gobierno porteño" (pág. 51). No es posible saber si efectivamente tomaron algo, es más probable que sea una licencia literaria y anacrónica, pero el haber "sacado más de un corcho" agrega una nota de color que vuelve empático y entrañable el relato, en tiempos de proscripción de las mayorías peronistas, al hacer un guiño hacia una costumbre popular.

La descripción de la Navidad y las vísperas de la detención de Rivero mantienen ese tono:

> Los criollos siguen dominando la población y toda la Malvina oriental, y la enseña azul y blanca extiende sus franjas en la Casa de la comandancia renaciendo la esperanza de comunicarse con los patriotas porteños. A caballo de nuevo recorrieron los puertos más frecuentados, y así llegó el 26 de diciembre entrando al quinto mes de su posesión tranquila de la isla Soledad. Hubo antes pasteles y tortas fritas, carne con cuero, guitarras y cantos, y por qué no decirlo, se hicieron cantar unas botellas de ginebra, se contaron cuentos, leyendas, y se dijeron adivinanzas (pág. 57).

En esa ocasión, Rivero también fue cantor, como lo había sido Martín Fierro:

> templó bien su guitarra y anunció una canción que había oído muchas veces en la campaña argentina hasta aprenderla de memoria, y moduló el Himno Nacional. Y la canción patria traída tan a punto, evocó recuerdos del pago... Alguien se puso de pie, y un... ¡Viva la Patria! Llenó la casa de la Comandancia (pág. 67).

Leguizamón Pondal imaginó que su libro debía aportar a la tarea inconclusa de la recuperación de las islas. La inspiración para escribir *Toponimia criolla* era la de sostener y reforzar una situación que ineludiblemente se cumplirá:

> Mientras el tiempo, en sus inexorables lecciones muestra el sentido ineludible de la historia indicando que es un desdoro el haber usado de la fuerza para apoderarse de bienes ajenos, y demora el retorno fatal de las Malvinas al regazo de la familia argentina, quedan esos topónimos criollos taraceados al archipiélago voceando eternamente su linaje (pág. 67).

El peso simbólico de la obra de Leguizamón Pondal en las representaciones sobre el pasado de Malvinas es inversamente proporcional a su aporte historiográfico: el folklorista recuperó la figura de un gaucho no solo para apuntalar, sino para extender el repertorio simbólico malvinero. La lectura que proponía enraizaba con una tradición popular, y con un clima político, el de la proscripción del peronismo. Este aporte se consolidó, desde el punto de vista bibliográfico, con el gesto deproponer otra fecha para el comienzo de la conformación del *corpus* de obras que reivindicaban la argentinidad de Malvinas. Ya no sería la obra de Paul Groussac la fundacional, sino una serie de artículos de José Hernández, que desde mediados del siglo XX comenzaron a ser citados con regularidad, tras su primera publicación en el formato de libro por editorial Raigal (la misma que había editado a Pondal) en 1952.

Los artículos de José Hernández son de noviembre de 1869 y aparecieron en su periódico *El Río de la Plata*, durante la presidencia de Domingo Faustino Sarmiento. Allí publicó las cartas de su amigo el marino Augusto Lasserre, que había visitado las Malvinas, y sus propias opiniones sobre el asunto:

> Los argentinos, especialmente, no han podido olvidar que se trata de una parte muy importante del territorio nacional, usurpada a merced de circunstancias desfavorables, en una época indecisa, en que la nacionalidad luchaba aún con los escollos opuestos a su definitiva organización.
>
> Se concibe y se explica fácilmente ese sentimiento profundo y celoso de los pueblos por la integridad de su territorio, y que la usurpación de un solo

> palmo de tierra inquiete su existencia futura, como si se nos arrebatara un pedazo de nuestra carne.
>
> La usurpación no es sólo el quebrantamiento de un derecho civil y político; es también la conculcación de una ley natural.
>
> Los pueblos necesitan del territorio con que han nacido a la vida política, como se necesita del aire para la libre expansión de nuestros pulmones. Absorberle un pedazo de su territorio, es arrebatarle un derecho, y esa injusticia envuelve un doble atentado, porque no sólo es el despojo de una propiedad, sino que es también la amenaza de una nueva usurpación.[36]

Lasserre decía en su carta a Hernández que las Malvinas "permanecen [...] poco o nada conocidas por la mayoría de sus legítimos dueños" (pág. 25). El autor del *Martín Fierro* acotaba acerca de lo dañino de la "negligencia de nuestros gobiernos, que han ido dejando pasar el tiempo sin acordarse de ese reclamo pendiente" (pág. 27).

Con la criollización del tema Malvinas, se reforzaba, a mediados del siglo XX, la presencia popular de la causa nacional, pero en el mismo movimiento se abría la confrontación interna acerca de la historia en la que esta debía ser inscripta.

36 José Hernández, *Las Islas Malvinas*, Buenos Aires, Corregidor, 2006, págs. 25-26.

El símbolo

La aparición de la figura de Rivero y la perspectiva criollista y popular como clave interpretativa se apoyó en la más amplia disputa historiográfica asociada al revisionismo. No es el objetivo aquí ni de describir esa corriente ni de saldar la interpretación de los hechos que tuvieron por protagonistas a Rivero y a sus colegas. Sí, en cambio, reforzar la idea de que la disputa interna alrededor de las interpretaciones del pasado nacional abrió una brecha en la unanimidad del reclamo por las islas. Porque si bien es cierto que tanto la historiografía liberal como la revisionista sostenían que las Malvinas son un archipiélago argentino usurpado, no lo es menos que al diferenciarse en cuanto a las lecturas históricas sobre el período, la certeza acerca de la justicia del reclamo argentino se tiñó de las divisiones que a partir de la década de 1950 se ahondaron en el país.

Esto hizo crisis en 1966, cuando se le pidió a la Academia Nacional de la Historia que se expidiera acerca de la pertinencia o no de elevar un monumento al gaucho Rivero a partir de calificar los hechos de sangre de agosto de 1833 como un acto de resistencia a la ocupación británica.

La Academia Nacional de la Historia se expidió en un dictamen que firmaron Ricardo Caillet-Bois y Humberto Burzio:

> Los antecedentes documentales hasta ahora conocidos no son nada favorables para otorgar a Rivero títulos que justifiquen el homenaje que se proyecta, con más buena fe y entusiasmo patriótico que verdad histórica. Es deber y responsabilidad de la Academia Nacional de la Historia, como institución asesora del poder Ejecutivo, comprobar fehacientemente el hecho y si el

> mismo reviste carácter de verdad histórica indubitable de la defensa de la heredad patria.
>
> Conviene, por último, subrayar que en ningún momento, ni Rivero ni ninguno de sus compañeros declaran que el acto cometido por ellos había tenido por finalidad rebelarse contra la dominación británica.
>
> Si no se aportan pruebas de que el levantamiento obedeció al noble propósito patriótico de expulsar a los usurpadores de la soberanía nacional, no corresponde el homenaje proyectado.[37]

Las reacciones críticas a este dictamen fueron inmediatas y abrieron una brecha entre los investigadores especializados en el tema Malvinas, y más ampliamente, en el mundo político de la época. De hecho, llevaron al fracaso en la creación de un Instituto para concentrar la información histórica y las iniciativas culturales sobre Malvinas:

> Una de las primeras disposiciones tomadas por el gobierno del doctor Illia al comenzar el año 1966 fue crear el Instituto y Museo Nacional de las islas Malvinas y Adyacencias, presidido por el doctor Ernesto J. Fitte. Esa institución, en sus primeros pasos, aprobó la Marcha de las Malvinas [...] y el escudo de las islas.Una disidencia surgida en el seno de la institución malogró sus comienzos. El motivo fue la calificación de los sucesos protagonizados por Rivero y los suyos en agosto de 1833 episodio sobre el que la Academia Nacional de la Historia, a pedido del gobierno nacional, se pronunció aquel año [...] La polémica provocó la renuncia del doctor Fitte, en disidencia con los "riveristas", y el 14 de febrero de 1967 el Instituto fue disuelto por el gobierno de la "Revolución Argentina".[38]

La confrontación no lo era solo en cuanto a la interpretación del acontecimiento, sino –sobre todo– ideológica, y desde ese lugar llegaron las impugnaciones más duras al dictamen, que permiten ver la apropiación, por parte de la historiografía revisionista, del tema Malvinas. El mejor ejemplo de este movimiento lo constituye el trabajo de Mario Tesler quien desde el revisionismo impugnó con minuciosidad la opinión negativa de la Academia Nacional de la Historia. El título de su libro es todo un manifiesto: *El gaucho Antonio Rivero. La mentira en la historiografía académica.*[39] Así, la

37 Boletín de la Academia Nacional de la Historia N 39, citado en Mario Tesler, pág. 52.

38 Hugo Gambini (director), *Crónica documental de las Malvinas*, Buenos Aires, Redacción, 1982, Tomo I, pág. 411.

39 Mario Tesler, *El gaucho Antonio Rivero. La mentira en la historiografía académica*, Buenos Aires, Peña Lillo, 1971.

obra no solo discutiría el dictamen sobre Rivero sino, más generalmente, el paradigma historiográfico de la Nueva Escuela Histórica, en línea con el más amplio movimiento de impugnación propio de la radicalización política y cultural de los años sesenta. Según la contratapa del libro, Tesler "pertenece a la novísima generación de historiadores que han asumido la tarea de revisar el pasado argentino a partir del país y desde el ser nacional". Y el libro, advertía el propio autor, había sido escrito "con pasión argentina pero sin ningún preconcepto" (pág. 13).

Tesler traza primero una genealogía de las obras que se habían ocupado de la historia de Malvinas. Paul Groussac (1936), Mario Migone (1948), Ricardo Caillet-Bois (1948) y Martiniano Leguizamón Pondal (1948). Sin embargo destaca que con excepción este último, "Rivero permaneció ignorado en los estudios referentes a las islas Malvinas hasta el pronunciamiento de la ANH (19-4-1966)":

> Rara vez encontramos algún examen sobre la historia intrínseca. Abunda material sobre nuestra soberanía en el archipiélago y se desconoce una defensa de los aguerridos peones (gauchos e indios) que padecieron miseria. Se publicaron magníficos alegatos sobre nuestros derechos y se prescindió de una historia sobre el valor humano en las pauperizadas tierras malvinenses (pág. 14).

Para Tesler "no cabe duda de la lógica reacción de elementos populares frente al comportamiento de la ANH". Habían ignorado la presencia popular en Malvinas. Pero dado que muchas de las críticas habían sido descalificaciones *ad hominem* contra los firmantes del dictamen, defiende a Caillet-Bois, uno de ellos, aunque señala una falla fundamental, un vicio de origen, en su análisis: "podemos afirmar -sin pecar de injustos- que es el responsable, pues manejó informaciones inglesas sin darle *la interpretación lógica, como argentino*. Caillet-Bois, basado en documentos británicos, reprueba históricamente a un grupo de gauchos e indios analfabetos cuya resistencia -a la dominación británica- fue el primer grito de protesta argentino desde las islas" (pág. 20). En resumen, la impugnación a la lectura de los eruditos es porque no hicieron lo que a ojos de los revisionistas deberían haber hecho: leer las fuentes, para colmo inglesas, con ojos nacionales. La crítica, recordemos, provenía de alguien que escribía "con pasión argentina" pero sin preconceptos.

A diferencia de Caillet-Bois, que a pesar de su formación no había hecho lo que se esperaba de él, "Leguizamón Pondal no es historiador y el mérito de su labor se multiplica al haber interpretado la documentación con sentido argentino". Ese *sentido correcto* le había permitido rescatar la figura de Rivero, "al descubrir que un comprovinciano [...] mantuvo enhiesto el honor nacional" (pág. 21). A pesar de que el trabajo de Leguizamón Pondal era "limitado [...] en la interpretación social del gaucho" (pág. 22), lo importante es que su obra "constituía el germen de un movimiento popular que alzaría (10 años después) el nombre de Antonio Rivero como símbolo de resistencia a la usurpación británica", escribe Tesler.

Era una referencia directa al Operativo Cóndor, el secuestro y desvío de un avión con rumbo a Malvinas, que al aterrizar bautizaron a Port Stanley como Puerto Rivero. El 28 de septiembre de 1966, un comando de 18 militantes nacionalistas secuestró un avión de Aerolíneas Argentinas que hacía su recorrido entre Buenos Aires y Ushuaia y lo desvió a las Islas Malvinas. Fue el primer secuestro aéreo de la historia a nivel mundial. Como aún no había aeródromo, tuvieron que aterrizar en el hipódromo. Desde hacía tres meses, gobernaba en la Argentina una dictadura militar, encabezada por Juan Carlos Onganía. El peronismo, la principal fuerza política popular, estaba proscripta. En ese contexto, este grupo nacionalista planificó un operativo singular, al que bautizó "Cóndor". Inicialmente estaba planificado para el 20 de noviembre, "Día de la Soberanía" y aniversario del combate de la Vuelta de Obligado, pero decidieron adelantar la fecha para hacer coincidir su acción con la llegada a Buenos Aires del duque británico Felipe de Edimburgo. El líder del grupo era Dardo Cabo, de 25 años, un militante de la resistencia peronista hijo de Armando, un dirigente de la Unión Obrera Metalúrgica (UOM). La única mujer del grupo era Cristina Verrier, que era su pareja. Cabo invitó a participar al director del diario *Crónica*, Héctor Ricardo García a quien convocó a acompañarlo garantizándole una importante primicia, ya que el objetivo era el de darle visibilidad tanto a la causa de Malvinas como al golpe contra la legitimidad de la dictadura militar.

Por la mañana del 28, los isleños asombrados vieron un cuatrimotor que se acercaba buscando pista para aterrizar y se acercaron, sea por curiosidad, sea para prestarle ayuda. Del avión detenido saltaron los militantes armados, que les entregaron una proclama en inglés y los tomaron como rehenes. Los jóvenes plantaron siete banderas argentinas y rebautizaron a la ciudad como "Puerto Rivero", en honor al gaucho mítico.

Fueron rodeados por medio centenar de pobladores, integrantes de la milicia de defensa local, y tuvieron que reingresar al avión y atrincherarse (allí permanecían los pasajeros). Tras diversas negociaciones, el "Grupo Cóndor" liberó a los rehenes y entregó sus armas al comandante del avión de Aerolíneas Argentinas, para no reconocer la soberanía de las autoridades inglesas. El 1 de octubre fueron embarcados en un barco de la Armada argentina y ni bien se alejaron de la costa de Malvinas (y de las autoridades inglesas) fueron apresados. Los juzgaron y condenaron en Ushuaia, donde pasaron varios meses presos. Los delitos fueron "privación ilegal de la libertad" y "tenencia de armas de guerra", ya que el secuestro aéreo no era un delito tipificado.

El operativo, que muchos vieron con simpatía, generó contradicciones, por el hecho de vincularse a la causa Malvinas. La Cámara Federal de Bahía Blanca, por ejemplo, consideró que "las banderas argentinas, por el hecho de haber tremolado sobre una porción irredenta de tierra de la Patria, no son ni pueden ser consideradas instrumento de delito. Por ello corresponde su oportuna devolución a quien ha demostrado actuar como su propietario" (pág. 22).

La instalación de Rivero como figura popular y símbolo nacionalista es un fenómeno que merece más páginas que las que aquí le dedico, tanto como la circulación capilar por los que centros culturales, círculos de fomento, sindicatos y otras asociaciones vinculadas a la resistencia peronista (pero no exclusivamente) fueron apropiándose de su figura. Tesler menciona que en 1965 hubo un ciclo de conferencias del Instituto de Investigaciones Históricas "Juan Manuel de Rosas" en 1965 donde se incluyó la historia de Rivero y sus gauchos, y enumera con prolijidad la lista de conferencistas y centros en los que se le dio visibilidad a su figura (pág. 27).[40] Más aún, Tesler estaca que en septiembre de 1964, el representante argentino ante la ONU, José María Ruda, en su alegato para que se aplique la resolución 1514 (XV) aludió al episodio:

> No se hizo esperar la reacción de los argentinos (después del atropello inglés de 1833). La población de Buenos Aires demostró su indignación ante el hecho, y en las islas, el resto de los pobladores que resistían al invasor, fueron enviados a Londres para ser juzgados bajo distintos pretextos.[41]

El alter ego de Rivero, en la perspectiva revisionista de Tesler, fue Luis Vernet, responsable del emprendimiento comercial y designado comandante político y militar de las islas por el gobierno de la provincia de Buenos Aires (este nombramiento era uno de los más claros títulos argentinos). La crítica apuntaba a que los valores que habían llevado a Vernet a las islas no eran nacionales:

40 Mario Tesler, op. cit., pág. 27. Las actividades, págs. 28 y ss.

41 Mario Tesler, op. cit., pág. 30.

> El hamburgués que llegó a estas tierras para lucrar, estrechamente vinculado con la red comercial de Hamburgo, a quien se le otorgan concesiones sin haber "tenido ocasión de contraer mérito alguno para con el gobierno", como él mismo lo reconoció, que manifestó a los ingleses su complacencia ante una posible usurpación, que expresó a WoodbineParish la "aversión" con que aceptó su cargo, que aplicó arbitrariamente las disposiciones sobre caza y pesca en el archipiélago al punto que "ningún barco británico o tripulación británica encontró obstáculos en las actividades de cualquier género que pudieran haber llevado a cabo en las islas Malvinas", que aconsejaba a los gauchos "guardar la mejor amistad con los ingleses" [...] y que a Parish le confiesa su intención de reemplazarlos por empleados ingleses, nunca llegó a comprender el valor de la palabra *Patria*. Le era imposible admitir a simples gauchos (peones de su establecimiento), miserablemente tratados y explotados en todo el país, sintiendo repugnancia hacia aquellos que prestaban su concurso a los representantes de la potencia usurpadora, ignorando la sangre gaucha derramada en las luchas de la Independencia (págs. 325-327).

Tesler establece un contrapunto entre el comerciante alemán, paradigma del sector mercantil unitario movido por intereses económicos, y los gauchos, movidos por sentimientos nacionales. El hecho de que Vernet no reclamara ante las autoridades británicas como argentino da pie a Tesler para afirmar que para el comerciante "la patria carecía de valor. No criticamos ya su forma de proceder para con nuestro país, sino la indiferencia puesta de manifiesto cuando se trata de declarar su nacionalidad" (págs. 325-327). Por el contrario, "los gauchos no tendrían, sin duda, una concepción precisa y clara del significado actualmente asignable al vocablo *Patria*. Tampoco la tuvo Esteban Echeverría, el "albacea del pensamiento de Mayo", cuando afirmó: "la Patria no es la tierra donde se ha nacido". Pero nos inclinamos a pensar que los gauchos la sentían en forma primigenia y los otros no" (págs. 325-328).

¿Qué significa "sentir la patria en forma primigenia" sino esencializarla, biologizarla, y de allí la irreparable ausencia de uno de sus fragmentos, las islas? Los gauchos, en tanto eran personajes populares, eran tan esenciales como la tierra misma. De allí que se podía tender un puente entre las luchas del pasado y las del presente diferente al de la historiografía liberal (visible en la crítica a Esteban Echeverría). Los hechos de sangre de Malvinas debían interpretarse a esa luz: "La violencia gaucha, desatada contra aquellos no es sino la respuesta a la violencia institucionalizada por los usurpadores y sus representantes, entre las que se encuentra la explotación económica" (págs. 328-329).

La defensa de los integrantes de la Academia Nacional de la Historia, en un contexto recalentado con el de finales de la década de 1960 y comienzos de 1970, enfatizaba que la lectura de Leguizamón Pondal se basaba en las mismas fuentes que ellos, fuentes británicas:

> Los críticos que manearon -y abusaron- de este argumento, han ignorado al parecer que quien sacó a relucir la novedosa teoría enderezada a corregir el alcance del 26 de agosto, sosteniendo que lo ocurrido en esa fecha revistió sentido político, lo hizo utilizando justamente la misma documentación británica [...] con exclusión de toda otra de procedencia nacional, la cual fue puesta gentilmente a su disposición por el profesor Caillet-Bois, director del Instituto de Investigaciones Históricas. Nos referimos al distinguido ensayista Martiniano Leguizamón Pondal, quien imbuido por un ponderable y generoso afán argentinista, en un capítulo de su trabajo Toponimia de las Islas Malvinas, editado en 1956, se ha preocupado por interpretar a su manera, las manifestaciones de los testigos y los relatos circunstanciales de los terceros [...] poniendo para ello a contribución una tremenda fuerza imaginativa que le permitió elaborar atrevidas conjeturas, reñidas a nuestro entender con la letra y texto de las copias inglesas de que echó mano de forma exclusiva. Sus aventuradas deducciones, que no cuentan con aval ninguno de procedencia argentina, cuyas fuentes no consultó para nada, tienen pues un origen genuinamente extranjero.[42]

El mito riverista se sostiene en el tiempo. Leemos un opúsculo de 1982, aparecido durante la guerra, en el que se cuestiona que se haya rechazado la decisión del diario *Crónica* de rebautizar Port Stanley -una vez más- como Puerto Rivero:

> Parecería que la versión liberal de la historia, acorde con la mentalidad semi-colonial, sigue teniendo vigencia. Sigue siendo "historia oficial", enquistada en la Argentina actual, a pesar de corresponder a una visión del país propia del siglo pasado. Prueba de ello es lo ocurrido en el caso que nos ocupa. Se da el nombre de puerto Rivero a la capital del territorio reconquistado, a iniciativa de un hombre de nuestras Fuerzas Armadas -el general Mario Benjamín Menéndez- en consonancia con la visión histórica de las mismas, más fiel a la realidad nacional.Sin embargo, poco después, no tarda en imponerse la tesis liberal, que siempre ha negado a Rivero los méritos suficientes como para merecer honores.[43]

---

42 Comunicación histórica de la ANH, agosto de 1972, publicada en *Papirus*, Año VII N| 22, enero-junio 1982, pág. 21.

43 Pablo Hernández y Horacio Chitarroni, *El gaucho Rivero, Héroe de las Malvinas*, Buenos Aires, Ediciones Flor de Ceibo, 1982, págs. 3-4.

La relectura en clave resistente de la acción de Rivero y sus compañeros, idealizada con elementos del repertorio patriótico, preparó el terreno, simbólicamente por lo menos, para el desembarco de 1982, en un contexto en el que la violencia era uno de los instrumentos de la polemología política por lo menos desde el golpe de 1955. Solo que el aparato ideológico que levantaba la figura del gaucho era, precisamente, el principal objeto de la represión ejercida por la dictadura que había producido la recuperación de las islas. Más aún, el mito del gaucho había surgido en un contexto de proscripción política, situación que había justificado la apelación a la fuerza. Recordemos, además, que en el discurso de muchas organizaciones revolucionarias las Fuerzas Armadas habían sido caracterizadas como ejércitos de ocupación, en una extrapolación de luchas anticoloniales como las de Argelia o Indochina a la Argentina del peronismo proscripto.

Veamos este fragmento de la "Cantata al héroe gaucho de las Malvinas" compuesta por Ismael Moya, presidente de la Comisión pro Monumento a Antonio Rivero, héroe gaucho de las Malvinas. Según leemos, la obra se había redactado según una tradición que recoge este romance cantable, de acento patriótico. La tradición, claro está, es la versión escrita por Pondal, que había comenzado a multiplicarse desde mediados de la década de 1950:

> ¿Viviremos como extraños
> Y en servidumbre que humilla,
> Aquí en esta tierra nuestra,
> Sin gestos de rebeldía? [...]
> Y con brioso tirón
> Rivero aflojó la driza,
> Y la bandera cayó
> Como un gran flor marchita,
> Corrió después a su rancho
> Y al volver, feliz traía
> Nuestro pendón, que él guardaba
> Lo mismo que una reliquia.
> Los gauchos se descubrieron,
> Y con reverencia mística,
> Rivero lo enarboló,
> ¡y se hizo más claro el día!
> Proclamó luego a sus hombres,
> Que conmovidos lo oían:

–En el nombre de la Patria,
declaro que las Malvinas
libres son, y nuestra sangre
a ellas será ofrecida.[44]

El texto poético recoge la versión de Pondal y coloca la acción de Rivero en la lógica del culto patriótico, al que los gauchos ofrecen su sangre. Tiempo después, encontramos otro ejemplo en un artículo del historiador revisionista Fermín Chávez publicado durante la guerra de 1982. Allí, según el autor, el gaucho resistente habría muerto en el combate de la Vuelta de Obligado como tropa del Regimiento de Infantería Patricios según evidenciarían unos documentos con las listas de los caídos en esa batalla. El mito cerraría de manera perfecta: un regimiento surgido al calor de las Invasiones inglesas, asociado a las guerras de Independencia y a la figura de Manuel Belgrano, creador de la bandera nacional, que Rivero había desagraviado en Malvinas, para cerrar su ciclo heroico enfrentando una vez más a los británicos en el día de soberanía nacional:

> Alguien puede plantear la hipótesis de que el Rivero del documento 10744 es un homónimo, con toda razón. En este caso solamente cabe responder con aquella sentencia, tantas veces escuchada en mi tiempo de estudiante de Derecho canónico. "In dubio melior est conditio possidentis". En caso de duda, está en condición favorable el que la tiene. Antonio Rivero existe y esto es lo que importa. El atropelló y acuchilló a los representantes del poder invasor, en la mañana fría del 26 de agosto, al frente de una partida de criollos orientales, entrerrianos y chilenos.[45]

Este tipo de reapropiaciones llegan al presente. Jorge Giles, primer director del Museo Malvinas e islas del Atlántico Sur, publicó en un aniversario del alzamiento en las islas, el 26 de agosto de 2012, un texto en el que enlazaba a los gauchos resistentes de Malvinas con el kirchnerismo, la nueva encarnación de las fuerzas populares:

> La Argentina es la suma y la síntesis de heroicas puebladas que fueron y son constitutivas de nuestra identidad y de nuestro destino colectivo en distintos momentos de la historia [...] El 26 de agosto de 1833 Antonio *El Gaucho* Rivero comandó una revolución en las Islas Malvinas al frente de criollos y charrúas que lo acompañaban. Derrotadas las fuerzas nacionales

44 Muñoz Azpiri, *Historia Completa de las Malvinas*, Tomo 3, pág. 361.
45 "Antonio Rivero, sargento de Patricios", en *Clarín*, 8 de abril de 1982.

> por ausencia de sus jefes civiles y militares, Rivero se alzó, solita su alma, a arriar la bandera inglesa e izar la argentina [...] Ocultado durante más de un siglo, la Presidenta terminó de rescatarlo este viernes junto a la memoria de Dardo Cabo y el homenaje a María Cristina Verrier y los militantes que protagonizaron en 1966 la Operación Cóndor, enarbolando en Malvinas la banderas que izara hace 179 años Antonio Florencio Rivero. Esa bandera la creó Manuel Belgrano, otro padre de la patria [...] Vale recordar que Belgrano llamaba "desnaturalizados" a los ricos hacendados y comerciantes, o sea con la oligarquía local que negociaba sin pudor con los godos y avanzaba a degüello. [...] ¿O sea que esto de tener a los enemigos viviendo en el mismo barrio, hablando en el mismo idioma, vistiendo chaqueta semejante, no es de ahora solamente?
>
> Por lo que se ve, desnaturalizados y desanimados hubo siempre. Pena por ellos, porque criollos también hubo y habrá, siempre. Los bandos están definidos desde el nacimiento de la patria [...] Al centro y a la izquierda del escenario están Cristina, los pibes militantes, YPF y un pueblo construyendo como puede y debe su destino soberano.Pero hay una actor imbatible que pone muy nerviosos y crispados a los opositores: la memoria popular. Por ella entra el Eternauta a las escuelas y el gaucho Rivero vuelve a izar la bandera, allá en Malvinas.[46]

El texto permite seguir el hilo que uniría a los gauchos de 1833 con el kirchnerismo en el poder. Los ricos hacendados y comerciantes desnaturalizados a los que alude el autor recuerdan al Vernet de Tesler, a quien solo movían intereses económicos. En el contexto de enfrentamiento político y retórico de 2012, Néstor Kirchner, el Eternauta (según la apropiación que hicieron sus simpatizantes del personaje de la historieta homónima de Héctor Oesterheld que resiste la invasión extraterrestre de los Ellos) y el gaucho resistente están donde tiene que estar: en la memoria popular. La misma que Leguizamón Pondal había alimentado al recuperar –y narrar– la historia del gaucho.

Hernán Brienza, un historiador que en los últimos años abreva en la izquierda nacional reconstruyó en clave ficcional la biografía de Rivero y explica la vigencia del personaje:

> Aquietado el músculo asesino, Rivero reunió a los suyos en la plaza de Soledad y replegó la bandera enemiga. No lo dicen las letras frías del expediente ni de la historia, pero la tradición oral[47] asegura que se improvisó allí una bandera azul y blanca que fue, quizás, el pabellón más digno que flameó en esas tierras lejanas.

---

46 Jorge Giles, *El Gaucho Rivero: un Eternauta en las Malvinas*, Sur, 26 de agosto de 2012.

47 Acotemos que nuevamente se apela a la tradición oral a falta de evidencia histórica.

> ¿Mató Rivero por amor a la Patria? ¿Fue un héroe o un simple delincuente? ¿O acaso en estas tierras, debido a la crueldad de la dominación, la justicia sea negra y barbárica? Nos gusta creer que sí, que Rivero fue un patriota, sucio y brutal, es cierto, pero un valiente de los nuestros [...]
>
> Culpa de los caprichos de la memoria colectiva, la vida de Rivero se ha perdido por completo. Nada se sabe de los caminos que recorrió hasta el día de su muerte. Nadie conoce qué fue de su mano diestra para matar, de su habilidad para matar animales cimarrones, no de su bravura [...] Cierta, en cambio, es la fecha y la circunstancia de su muerte.[48]

Por supuesto que se refiere al 20 de noviembre de 1845 y el combate de la Vuelta de Obligado. Es que así la figura de Rivero alcanza en forma plena su eficacia simbólica: resistente en las Malvinas allí donde los liberales habían defeccionado, este hijo de la tierra había dado su vida en una batalla en la que otra figura del nacionalismo, Juan Manuel de Rosas, había decidido enfrentar al sempiterno enemigo colonial. Como señala Tesler, el gaucho podía no saber lo que la patria era en abstracto, pero sí la sentía y encarnaba con su vida ese compromiso. Como contrapartida, la figura de Luis Vernet, autoridad política designada por Buenos Aires en las islas, se ve disminuida ya que lo mueven, antes que nada y al igual que a los británicos, los intereses comerciales. No deja de ser un flaco favor esta caracterización a uno de los argumentos más serios que tiene la Argentina para la reivindicación de su soberanía sobre las islas. Pero es una consecuencia de la forma en la que la causa nacional de las Malvinas, que une a la nación en el reclamo, está permeada y fue reapropiada por políticas y discursos sectoriales. En definitiva, esto permite tanto analizar desde otra perspectiva las luchas políticas argentinas y su repertorio simbólico, como constatar los límites del discurso nacionalista unanimista. Las islas pueden ser argentinas, pero hay personajes –y autores– que son más argentinos que otros.

---

48 Hernán Brienza, *Valientes. Crónicas de coraje y patriotismo en la Argentina del siglo XIX*, Buenos Aires, Marea, 2011, págs. 25-27.

La "Historia completa de las Malvinas": un libro con vocación fundacional

Las discusiones acerca de los episodios protagonizados por Rivero y sus seguidores, recalentados por el conflicto político interno, se desarrollaron en la década de 1960, un momento de grandes avances diplomáticos para la Argentina. Al igual que otros procesos culturales y políticos, la popularización de la causa nacional y su apropiación política se *radicalizaron*. Ese devenir, como queda expresado, coincidió con un período durante el cual el reclamo argentino por las islas ganó espacio en el escenario de las relaciones internacionales.

Según José Luis Muñoz Azpiri, cuya obra analizaremos a continuación, en la década de 1960 "la cuestión Malvinas ha vuelto al plano de la atención oficial y de la curiosidad pública después de un decenio aproximadamente en que pareció acallada o postergada" pero todavía en 1962 "no trascendía del terreno escolástico".[49] Hacia 1965, sin embargo, "en la cancillería argentina se supone, a título privado, que no se halla lejana la fecha de cumplimiento de la [...] satisfacción" del anhelo argentino: "recuperar esa parte de nuestro territorio nacional" (Tomo I, pág. 21). Esa certeza debía estar acompañada de una sólida apoyatura informativa y de divulgación. Ese es el origen de los tres tomos que comentaremos.

49 José Luis Muñoz Azpiri, *Historia completa de las Malvinas*, Buenos Aires, Editorial Oriente, 1966, Tomo I, pág. 21.

En 1966 apareció *Historia completa de las Malvinas,* una de las obras argentinas más exhaustivas hasta el presente sobre las Islas Malvinas, un libro cuyo tema "además de histórico y jurídico, es patriótico" (Tomo I, pág. 178). José Luis Muñoz Azpiri, su autor, fue un diplomático de carrera que estuvo a cargo durante años del archivo histórico de la Cancillería argentina. Fue miembro del Instituto de Investigaciones Históricas "Juan Manuel de Rosas" y, tanto él como su hermano eran peronistas.[50] La *Historia completa de las Malvinas* fue lanzada con grandes expectativas por una editorial vinculada a temas nacionalistas: "continuando con la publicación y difusión de los grandes temas nacionales Editorial Oriente ofrece hoy al público lector la *Historia completa de las Malvinas*, llamada a alcanzar, sin duda, la repercusión crítica y popularidad que conquista toda sincera empresa de servir al perfeccionamiento y a la recuperación nacionales".[51]

La obra estaba dividida en tres tomos y se definía "bajo el signo del rigor intelectual, la fidelidad a los métodos modernos de investigación histórica y la adhesión a intergiversables principios de patria y soberanía". El *Prólogo* destacaba que "el tema de las Malvinas está inscripto en el corazón argentino, y hoy día, merced a los debates de la Organización Internacional de las Naciones Unidas, ha pasado a ser el asunto nacional de mayor difusión e importancia".

La *Historia completa* fue pensada para intervenir en un momento clave, sobre todo a partir de una constatación preocupante: la editorial había realizado una encuesta y comprobado que pese a ser una causa nacional, el tema Malvinas "es escasamente conocido". Ese desconocimiento convivía con la certeza de que la causa de las Malvinas "representa un importante factor de unión para los argentinos" y "exalta unánimemente los sentimientos patrióticos y nacionales del país". Para sus editores, la *Historia completa* era un instrumento necesario para lo que después de la derrota de 1982 se llamaría la "malvinización": había que achicar la brecha entre esa "unanimidad" que generaban las Islas Malvinas en la sociedad y el desconocimiento social acerca de estas.

La obra apareció al año siguiente de un importante logro diplomático argentino. En 1965, la Organización de Naciones Unidas (ONU) había aprobado la Resolución 2065 (XX), que reconocía la existencia de una

50 Francisco Muñoz Azpiri, periodista, fue el redactor de algunos de los discursos de Evita y en 1951 fue condecorado con la medalla de la Lealtad.

51 José Luis Muñoz Azpiri, *Historia completa de las Malvinas*, Tomo I, "Prólogo", págs. VII-VIII. La editorial había publicado la *Historia Argentina* de José María Rosa, una de las obras revisionistas que alcanzó mayor popularidad.

disputa de soberanía entre Argentina y Gran Bretaña, e invitaba a ambos países a negociar para encontrar una solución pacífica. Cinco años antes, en 1960, la ONU había aprobado otra resolución, la 1514 (XV),que proclamaba "la necesidad de poner fin, rápida e incondicionalmente, al colonialismo en todas sus manifestaciones".

Ambas resoluciones, la 1514 y la 2065, fueron y son nodales para la posición argentina en relación la controversia diplomática por Malvinas. Identificaban el caso como una de las situaciones coloniales que había que terminar. Reconocían dos partes en el conflicto: Argentina y Gran Bretaña, e invitaban a ambos países a negociar. Las negociaciones debían tener en cuenta el principio de la integridad territorial. En cuanto a la idea de la autodeterminación (central en el proceso de descolonización) la resolución 2065 tomaba nota de la peculiar situación de la población de las islas: la disputa debía resolverse teniendo en cuenta los "intereses" de los *kelpers*, los isleños, y no sus "deseos". Para el espíritu de las discusiones internacionales en esos años fundacionales de la posguerra, los malvinenses no eran una población sometida, sino instalada en Malvinas por la potencia ocupante, en litigio con la Argentina. La ONU, por supuesto, no se definió ni se definirá nunca a favor de la Argentina o Gran Bretaña sino de las "negociaciones". Sin embargo, a mediados del siglo XX, sí fue taxativa al definir que no había tres partes en conflicto, sino dos. Fue una gran victoria diplomática argentina.

La *Historia completa de las Malvinas* de Muñoz Azpiri recopilaba gran cantidad de documentos, ofrecía una cronología y, novedad para la época, cada volumen estaba acompañado por una colección de diapositivas que ilustraba aspectos de la flora, fauna, geografía y la vida cotidiana en las islas (las diapositivas estaban pensadas, seguramente, para el dictado de conferencias y su uso en las escuelas): "por primera vez un servicio bibliográfico argentino se presenta acompañado de diapositivas (*que*) inaugura así en nuestro país el sistema del *librofilm*. Un juego de diapositivas en cada volumen, explicado y narrado, que servirá para ilustrar exposiciones didácticas o turísticas, o alegrar la tertulia familiar permitiendo que los argentinos conozcamos esa parte querida y lejana de nuestro territorio" (Tomo I, VIII-IX). La obra estaba

> ...ilustrada con más de un centenar de reproducciones en blanco y negro y a todo color, y por primera vez un servicio bibliográfico argentino se presenta acompañado de diapositivas. EDITORIAL ORIENTE inaugura así en nuestro país el sistema del *librofilm*. Un juego de diapositivas en cada volumen, explicado y narrado, que servirá para ilustrar exposiciones didácticas o turísticas, o alegrar la tertulia familiar permitiendo que los argentinos conozcamos esa parte querida y lejana de nuestro territorio (Tomo I, págs. VII-VIII).

Muñoz Azpiri dispuso de importantes aportes para la publicación, así como de la recopilación de documentos históricos encarada por la Cancillería argentina desde hacía décadas y en la que él había desempeñado un importantísimo papel. El prólogo menciona a "amigos y favorecedores de la editorial" que seguramente financiaron una edición a todas luces costosa (en papel ilustración, con diapositivas e ilustraciones, de tapa dura).

Ante los avances diplomáticos, la aparición de la obra era urgente:

> A partir de 1957, el Instituto de Historia Argentina de la UBA empezó a publicar la documentación. Se esperaban cubrir doce volúmenes, al momento de la edición solo dos, de 1749 a 1767 [...] De no adoptarse providencia especiales que regularicen el ritmo de la edición, mucho nos tememos que debamos aguardar todavía medio siglo antes de ver finalizada esta galería documental. Cabe alentar la módica esperanza de que el archipiélago se halle redimido para entonces (Tomo I, pág. 14).

Editorial Oriente tomó la posta y en esa empresa contó con el respaldo de la Universidad Buenos Aires, la Academia Nacional de la Historia y el flamante CONICET:

> En 1962 propusimos un estudio integral de todas estas documentaciones al Consejo Nacional de Investigaciones Científicas y Técnicas. Patrocinaron nuestra solicitud los profesores Ricardo R. Caillet-Bois, José Torre Revello y José Luis Romero. La comisión de historiografía del Consejo dio trámite favorable al pedido. El presidente de la institución requirió el parecer de cuatro miembros de la Academia Nacional de la Historia, los doctores Ricardo Piccirilli, Alberto Palcos, José A. Oría y Armando Braun Menéndez, todos los cuales subrayaron la importancia científica y el fundamento patriótico de la investigación, transcribiendo, a la vez, generosas referencias en torno al autor de la solicitud.
>
> El significado que pudo tener dicho trabajo, a realizarse en Londres y en nuestro país, era sumamente amplio. En las circunstancias más favorables la investigación propuesta habría permitido encontrar nuevas evidencias acerca de nuestro derecho al archipiélago, permitiendo crear ulteriormente un instituto o cátedra de nivel universitario para adiestrar a las nuevas promociones de diplomáticos, marinos y estudiantesde historia o derecho internacional en la defensa de los derechos nacionales en torno del primer problema de reivindicación territorial argentino y crear núcleos de investigación historiográfica, o sea científica, acerca del litigio tanto en los altos centros de estudios civiles como en las secretarías de marina y ejército (Tomo I, pág. 20).

Los éxitos en la política exterior relativa a Malvinas fueron un impulso a la obra, tanto como la comprobación de que el tema estaba dormido en la conciencia social: "la cuestión Malvinas ha vuelto al plano de la atención oficial y de la curiosidad pública después de un decenio aproximadamente en que pareció acallada o postergada" (Tomo I, pág. 21). La *Historia Completa* llegaba para cubrir una vacancia, la de la brecha entre los sentimientos nacionales y la información:

> El tema de las Malvinas está inscripto en el corazón argentino, y hoy día, merced a los debates de la Organización Internacional de las Naciones Unidas, ha pasado a ser el asunto nacional de mayor difusión e importancia [...]
>
> Una encuesta realizada por EDITORIAL ORIENTE en los distintos sectores del país asignó prioridad en el campo bibliográfico al tema de las Malvinas, y reveló al respecto que:
>
> 1. Es escasamente conocido;
>
> 2. Representa un importante factor de unión para los argentinos;
>
> 3. Exalta unánimemente los sentimientos patrióticos y nacionales del país;
>
> 4. Conviene debatirlo y dilucidarlo en momentos en que la nación celebra el sesquicentenario de la Independencia;
>
> 5. No existe obra publicada hasta el momento que estudie el tema desde sus comienzos hasta nuestros días.
>
> EDITORIAL ORIENTE resolvió, por lo tanto, atender a la solicitud de sus amigos y favorecedores y se aprestó a ofrecer una *historia completa del litigio*. Encargó la tarea a un distinguido especialista del tema, JOSÉ LUIS MUÑOZ AZPIRI, laureado en el país y en el exterior, y con suma experiencia en los asuntos internacionales proveniente de su actividad diplomática. Dicho autor estudia la cuestión *desde 20 años atrás*, incluyendo en la obra importante documentación recogida en los archivos de la Cancillería. Con patriotismo y dedicación ejemplares emprendió la tarea que ahora deberá juzgar el público lector (Tomo I, pág. 20).

La publicación estaba pensada para "servir al perfeccionamiento y a la recuperación nacionales" y, como citamos, orientada por el respeto a las ideas de "patria y soberanía" que son "intergiversables". El cepo conceptual, aún a pesar de la profusión de documentos reunidos en la obra, aparece con claridad: el método crítico subordinado al orden superior de los intereses nacionales. De esta manera, a mediados de la década de 1960, en un contexto diplomático favorable a la Argentina, pero también de agudización de los conflictos internos, vemos cómo hay líneas constantes desde los años treinta: la denuncia del conocimiento superficial sobre las islas que ya había destacado Juan Carlos Moreno seguía vigente. En segundo lugar, el principio rector de que cualquier obra dirigida a historiar las Malvinas debía guiarse por la certeza de los derechos nacionales sobre el archipiélago, es decir, la argentinidad de Malvinas.

La aspiración de la *Historia Completa de las Malvinas* era la de ofrecer un texto que fuera un parteaguas: "Todo el material crítico y estimativo de más de dos siglos se ha reunido en estos volúmenes. *No podrá prescindirse de ninguno de ellos en los próximos 50 años, cada vez que se quiera examinar y profundizar el tema*" (Tomo I, pág. 20. Mi subrayado).

Cabe señalar que en buena medida es así. Era una obra de divulgación pensada para consolidar el sentimiento nacional con información rigurosa:

> Ponemos en manos de nuestros lectores una obra argentina, moderna e indispensable, que representa el fruto maduro de una inteligencia y vocación argentinas, junto con la colaboración de los distintos organismos públicos, civiles y militares, que han intervenido en el tema. Una obra cuya publicación hemos encarado con entusiasmo y cariño que trascienden lo estrictamente comercial y material, en la confianza de que nuestro esfuerzo contará con el apreciado apoyo de nuestros clientes y amigos, para que la *Historia completa de las Malvinas* acredite las bibliotecas de todos los hogares argentinos (Tomo I, págs. VIII-IX).

Al referirse a la Argentina Muñoz Azpiri describe un país perjudicado por una histórica pérdida de territorios (uno de los tópicos más recurrentes dentro del nacionalismo) y sin embargo respetuosa sin embargo de las leyes internacionales: "Por respetar precisamente ese mundo y no violarlo, la Argentina perdió la mitad del territorio con que contaba la heredad de Mayo. ¿Le duele a alguien esa pérdida?". Para ese país, las islas ocupadas por los británicos eran prenda de unidad por encima de los enfrentamientos facciosos: "las Malvinas representan uno de los símbolos de la unidad nacional tal como la Bandera, el Himno o San Martín. En un territorio estimado hasta hoy como botín alterno de güelfos o gibelinos no hay un solo argentino que se declare infiel a dichos signos [...] Nadie ha abjurado hasta ahora de esta manifestación de fe cívica, de esta [...] demostración de dogma criollo [...] Todos se hallan de acuerdo en que las islas son argentinas y que, necesariamente, algún día deberán ser recuperadas" (Tomo I, pág. 9).

La religión patriótica de las Malvinas, con su "dogma criollo", por supuesto quye también tiene a sus santos. Muñoz Azpiri valora positivamente los hechos protagonizados por el gaucho Rivero y sus colegas. Más aún: su obra incluye la transcripción completa del proceso a Federico Pinedo, el oficial porteño que se había rendido al comandante de la nave británica *Clío* en 1833 ("culpable material y directo de la pérdida del territorio"). De esa manera, realzaba por oposición la acción de los "revolucionarios argentinos": "los "Ocho de Malvinas" que recuperaron el territorio, arriaron el pabellón y alzaron en su reemplazo el de Belgrano, a la espera de la ayuda de Buenos Aires". Son nombres que deberá recoger la posteridad, "dignos de fama y de gloria -y que no dejan memoria- porque nacieron aquí", señala Muñoz Azpiri y ensalza el trabajo del autor de *Toponimia criolla*: "corresponde a Martiniano Leguizamón Pondal haber rescatado de las sombras las figuras de esos héroes y vindicado su memoria" (Tomo I, pág. 124). Más aún, en su relato de los sucesos de agosto de 1833 Muñoz Azpiri retomó el lirismo de Pondal de manera literal:

> Rivero sostuvo la rebelión durante seis meses y pidió inútilmente ayuda a Buenos Aires; fue acorralado y apresado al final por fusileros ingleses. Así terminó el último estertor nacional argentino en las islas y las esperanzas de su rescate inmediato. Leguizamón Pondal ve eternizada la figura del gaucho Rivero en aquel gigantesco escenario, a horcajadas del caballo criollo que fue su alcázar, con el poncho empapado por las espumas de los mares australes que bañan aquella tierra arada día a día por las nazarenas del viento (Tomo I, pág. 123).

La finalidad pedagógica y política de la obra de Muñoz Azpiri queda clara tanto por los apoyos que recibió como por los documentos de los que dispuso. El tercer tomo de la obra, por otra parte, es una recopilación de opiniones de especialistas del más amplio espectro ideológico de la época unidos por el común denominador de la reivindicación de la causa nacional. La Historia completa es una publicación oficiosa, ya que así como el tercer volumen es la expresión de las "fuerzas vivas" sobre Malvinas, el tomo II, subtitulado "Libro Azul y Blanco" fue una exhaustiva recopilación documental. Cabe resaltar este detalle: en 1946, el entonces embajador estadounidense en Argentina, Spruille Braden, difundió un *Libro Azul* en el que arrojaba una serie de críticas al ascendente Juan Perón, que respondió con lo que sería un boom editorial, el famoso *Libro Azul y Blanco*.

La *Historia completa de las Malvinas* encarnó un gran esfuerzo de divulgación y consolidación del tema en el espacio público. Su principal vector era pedagógico, como puede verse en la serie de consignas que incluía. Redactadas por Muñoz Azpiri, se difundieron por la radio y la televisión durante 1966 y "sintetizan" el credo malvinero. Aquí, una selección:

> Las Malvinas son argentinas. Porque fueron españolas.
>
> Las Malvinas son argentinas. Porque son prolongación de la Patagonia.
>
> Las Malvinas son argentinas porque así lo aceptó Inglaterra en el Tratado de Paz y Amistad de 1825.
>
> Trabajador, tu patria necesita justicia. No hay justicia social en una patria agraviada. ¡Reclama las Malvinas!
>
> Estudiante argentino: parte de tu nación está ocupada por una potencia extranjera. Debes abolir ese agravio. Exige la devolución de las Malvinas.
>
> Soldado argentino: las tierras patagónicas están expuestas a un ataque por sorpresa desde las Malvinas. Esfuérzate para que desaparezca esa amenaza nacional.
>
> Madre argentina: una futura guerra mundial transformará a las Malvinas en una base nuclear. Evite esa amenaza. Proteja su vida y la de los suyos. Exija la inmediata restitución de las Malvinas.
>
> Las islas Malvinas son la Patria del Mar. Decidamos volver a ellas. Lo piden las sombras de nuestros gauchos, marinos y navegantes.
>
> Hay una tierra gaucha prisionera. Se llama Malvinas. ¡Libertémosla!
>
> La Argentina libertó a cinco naciones hermanas. Es hora de que redima un trozo de su propio territorio, cautivo de Gran Bretaña. Ayude a libertar las Malvinas (Tomo I, pág. 365 y ss.).

En un rápido repaso, hay alusiones a la integridad territorial, a la continuidad históricas entre la potencia colonial y el país independizado: lo que se conoce como antecedentes geográficos y títulos históricos. La esencialidad criolla de las Malvinas ("es una tierra gaucha prisionera"). Otras apelaciones a la luz de lo que sucedió después, resultan ominosas, sobre todo a la vista de la guerra de 1982: trabajadores, estudiantes, soldados y mujeres en el papel de madres deben prepararse para la invasión de Argentina desde Malvinas pero, sobre todo, para liberar las islas. Por supuesto que no hay una línea directa entre una consigna y una guerra. Pero la *Historia completa de las Malvinas* apareció el mismo año que los cóndores aterrizaron en Malvinas, luego de una acción armada de secuestro aéreo. Ese mismo año, el golpe de Juan Carlos Onganía llevó a miles de jóvenes a la convicción de que una dictadura militar podía enfrentarse por la fuerza. Las consignas expresan un clima de época en el que la causa nacional se instaló en amplios sectores de la sociedad, mientras por la vía diplomática se consolidaban avances en la disputa y el país se tensaba debido a sus contradicciones.

Las vísperas

José Manuel Moneta, un personaje históricamente vinculado a temas antárticos (escribió un libro titulado *Cuatro años en las Orcadas del Sur* y un activo impulsor de iniciativas sobre la región) viajó a las Malvinas en el verano de 1969. En 1970, el mismo año en el que se firmaron los acuerdos de comunicaciones entre Argentina y el Reino Unido publicó un pequeño libro,[52] en el que anticipó algunas de las políticas relativas a Malvinas que muy poco después iniciaría el gobierno argentino:

> Los malvineros presienten que si son integrados con la Argentina podrían obtener otros beneficios de los que ahora carecen. Saben que lo primero que haría allí un gobierno argentino sería construir una pista para aviones, lo que permitiría una rápida comunicación de las Malvinas con Buenos Aires y otras capitales del mundo. Para los jóvenes isleños que en la actualidad no pueden estudiar más allá de la escuela elemental local, el porvenir máximo al que pueden aspirar es a ser jefes de pastores, capataces de las estancias o empleados subalternos del gobierno. Con la integración podrían continuar sus estudios en las escuelas y universidades argentinas, lo que les abriría un amplio horizonte ahora cerrado entre los límites de Puerto Stanley [...] No he hallado actitud hostil de los malvineros hacia nuestro país y menos contra sus ciudadanos. Los isleños tienen temor de perder las comodidades de que gozan, y ante la incertidumbre del beneficio que les pudiera reportar el cambio, prefieren permanecer como están.[53]

52 José Manuel Moneta, *¿Nos devolverán las Malvinas?... Los actuales problemas malvineros*, Buenos Aires, Gráfica Super, 1970.

53 José Manuel Moneta, *¿Nos devolverán las Malvinas?*, págs. 99-100.

Moneta señala que la solución de la disputa depende de tres factores: "tres poderes visibles existen en Malvinas que juegan un importante papel en la decisión final positiva o negativa sobre la devolución del archipiélago a su legítimo dueño: los habitantes, la economía isleña y el gobierno" (pág. 97). Se refiere al gobierno argentino: "la actual negativa de los isleños hacia nosotros se debe, en gran parte, a la política errónea de aislación y alejamiento en que la Argentina mantuvo siempre a sus islas Malvinas" (pág. 100).[54] La política abierta por la realización de vuelos semanales desde el Continente, becas escolares, instalación de empresas estatales argentinas en las islas y el envío de maestras de castellano tendería a cerrar esa brecha.

Es interesante poner las ideas de Moneta en diálogo con la percepción que algunos argentinos informados tenían del "clima" de opinión en las islas, ya que permite comprender el esfuerzo que algunos actores hicieron para terminar, de alguna manera, con el conflicto. En el tercer tomo de la obra de Muñoz Azpiri aparecen las opiniones políticos e intelectuales vinculados a Malvinas: "Declaraciones especiales y opiniones de tratadistas y autores acerca del problema Malvinas".[55] Algunas de ellas se refieren a los isleños y fueron redactadas por argentinos que estuvieron en las islas. Federico Mirré, futuro diplomático y embajador argentino en Londres, había viajado a las islas en 1962 y era el fotógrafo que tomó las imágenes que incluían los *librofilms* de Muñoz Azpiri. En "Apuntes para una mejor comprensión del problema de las Malvinas" afirmaba, en relación con los isleños, su ajenidad a la disputa: "En lo que se refiere a la opinión de los habitantes nativos de las islas, hay que decir que es escaso o ninguno el conocimiento que tienen en materia de antecedentes sobre el asunto, debido al tremendo aislamiento en que viven" pero a la vez "no encontré ningún habitante, ya fuera temporario, semitemporario o nativo, que ignorara la existencia del conflicto" (Tomo III, pág. 311). En buen romance, los isleños desconocían la historia de las islas, que era uno de los fundamentos del reclamo argentino, pero a la vez, sabían que había un conflicto en torno a su posesión.

En su texto, al igual que Moreno y Solari Yrigoyen, Mirré distingue entre "ingleses y nativos": "La posibilidad de que las Malvinas sean Estado autónomo no es considerada seriamente por nadie en las islas Malvinas [...] Poquísimos ingleses y muchos nativos que sin renegar del sistema colonial vigente se preguntan o cavilan sobre lo que ocurriría si las islas pasaran a ser administradas efectivamente por la República Argentina" (Tomo III, pág. 313).

---

54 Alejamiento que constataron con creces Juan Carlos Moreno e Hipólito Solari Yrigoyen.

55 Muñoz Azpiri, *Historia completa de las Malvinas*, Tomo III, pág. 99 y ss.

Asimismo, insiste en la importancia de visitar las islas, ya que "una ausencia demasiado prolongada de interés personal de ciudadanos argentinos provocaría alguna pérdida de vigor en los reclamos oficiales" (Tomo III, pág. 310). En el mismo volumen, Hipólito Solari Yrigoyen reforzaba lo que había visto y escribo diez años antes. En "Las Malvinas de hoy", pintaba un panorama de desconocimiento social en relación con las islas, que se alimentaba de un sentido común previo, que parecía haberse desplazado:

> Hasta no hace mucho la mayoría de nuestros compatriotas tenía una vaga idea del sur argentino. Se hablaba de desiertos, de hielos, de ciclones, de ambiente inhóspito y de otros conceptos semejantes, erróneos y genéricos que los tiempos modernos, con el aumento de las comunicaciones, han permitido rectificar, o al menos precisar en sus alcances, despojándolos de fantasía, en lo que a la Patagonia se refiere. Pero esa antigua versión negra de nuestros territorios austrinos subsiste sin ningún fundamento con respecto a las islas Malvinas. Ha contribuido a ello el aislamiento total que desde hace varias décadas existe entre el archipiélago y el resto del país (Tomo III, pág. 449).

La Declaración Conjunta del 1° de Julio de 1971 de Argentina y Gran Bretaña buscó reparar esa situación. Ambas naciones pusieron la soberanía "bajo un paraguas" y avanzaron en una serie de medidas prácticas: los residentes en Malvinas recibirían del gobierno argentino un documento de viaje (la *white card*) sin identificación de nacionalidad, para entrar y salir libremente del territorio argentino. Los británicos se comprometían a establecer un servicio marítimo regular con Malvinas, mientras que los argentinos prestarían un servicio aéreo semanal de pasajeros, carga y correspondencia. Al comienzo, como no había aeródromo, se utilizaron hidroaviones En 1972, la declaración se amplió: Argentina construiría un aeródromo e iniciaría vuelos regulares a las islas prestados por LADE (Líneas Aéreas del Estado) que abrió una oficina en Malvinas, al igual que se instaló una planta de YPF (Antares). Empleados de las empresas argentinas, así como dos maestras de castellano, se instalaron en las islas. Los isleños pudieron viajar al continente a atenderse en hospitales, o enviar a sus hijos a hacer la escuela secundaria en colegios ingleses.

Se abría una gran cantidad de posibilidades que necesitaban del tiempo y la constancia, del acompañamiento social y de políticas sostenidas en el tiempo, algo que parece aún hoy muy difícil de pedir al sistema político argentino. El contexto interno argentino en el que esas políticas comenzaron a desarrollarse era, precisamente, efervescente y débil institucionalmente. Como vimos, la polarización política también comenzaba a meter la cola en las interpretaciones sobre Malvinas y, más extensamente, negaría a esa política exterior, precisamente, las necesarias condiciones de posibilidad encarnadas en la estabilidad política y los recursos.

En todo caso, podemos preguntarnos si tales políticas de apertura tuvieron efecto, asumiendo –lo desarrollaremos más adelante– que la guerra de 1982 truncó este proceso de construcción al buscar una negociación forzada. En todo caso, podemos preguntarnos por la presencia de Malvinas en la escena pública argentina a partir de distintos indicios. Por ejemplo, una colección dirigida por el periodista Hugo Gambini, aparecida de emergencia en el contexto de la guerra, se presentaba con estas ideas:

> ¿Qué significaba, en toda esta época, la cuestión de las islas Malvinas para el grueso de los argentinos? [...] Por un lado, no hay duda de que ningún argentino (o residente en el país), que concurrió a la escuela primara y cursó (o no), el secundario, y que trazara allí, bajo la dirección de empeñosos docentes, los inexactos mapas escolares o estudiara la historia nacional, dejó de sostener luego que "las Malvinas son argentinas".
> Cuando los sucesos de abril y mayo de 1982 alguna voz –apresurada, oportunista o mal informada– llegó a plantear la cuestión de si el tema era debidamente analizado en los colegios.
> Ningún estudiante que pasara por las aulas dejó de recibir suficiente información al respecto. Y si bien, como suele ocurrir, los detalles de esas lecciones pasaron al olvido, el sentimiento esencial –la convicción de los derechos nacionales– se convirtió en parte del credo popular.
> Por otra parte, sin que ello menguara la convicción anterior, no hay duda tampoco de que para la gran mayoría era una cuestión lejana de la realidad inmediata; una injusticia contra el país cometida en época remota y que difícilmente fuera enmendada en poco tiempo [...] Cuando la cuestión pasó –inesperadamente a primer plano con el dramatismo e la crisis diplomática y los hechos de armas –aquella convicción afloró rápidamente.[56]

He intentado mostrar que a mediados de la década de 1960, los importantes avances diplomáticos argentinos coincidieron y se retroalimentaron con el recalentamiento de la política interna que encontró en las discusiones sobre el pasado un condimento particular. La polémica sobre el gaucho Rivero fue un capítulo particular de la más amplia aproximación revisionista al pasado.

No obstante, revisionistas y anti revisionistas, es decir, defensores del mito riverista o no, convergían en la idea de que las islas eran argentinas, y entonces ese sentimiento nacional se fortaleció. La constatación de que los avances di-

56 Hugo Gambini (director), Crónica documental de las Islas Malvinas, Tomo I, 1982, pág. 395.

plomáticos no se condecían con el conocimiento de la sociedad sobre el tema había alentado a viajeros en el pasado (Moreno, Solari Yrigoyen) e impulsado la realización de una ambiciosa obra de divulgación, la de Muñoz Azpiri.

Conviene destacar que más allá del proceso que venimos señalando, un factor a tener en cuenta es el del contexto en el cual las iniciativas de recuperación fracasaron, ya que el análisis que propongo se concentra sobre todo en el aspecto histórico cultural del problema. El refuerzo en el irredentismo como política retórica –incluso en paralelo a importantes avances materiales se debió a lo que los diplomáticos argentinos consideraban una amenaza para la posición nacional. Como señala Martín Abel González:

> El intento más directo y de más largo alcance para solucionar la controversia, las conversaciones celebradas entre 1966 y 1968 sobre una transferencia de soberanía, no fracasó debido a la insaciabilidad de Argentina, a la obstinación de los isleños o a la mala fe británica, sino debido a la incapacidad de Londres y de Buenos Aires para emancipar a sus políticas de las preocupaciones internacionales más amplias que, irónicamente, habían sido el motor original que impulsara su búsqueda de un arreglo. Mientras que los funcionarios británicos, al final, optaron por dar ´prioridad a las necesidades más apremiantes que surgían de la agenda colonial [...] para Buenos Aires el atractivo de un acuerdo no fue suficiente para mitigar la inquietud sobre sus costos: al percibir a la doctrina patrocinada por la ONU de la libre determinación como la amenaza fundamental para la reivindicación en el Atlántico Sur, los diplomáticos argentinos llegaron a la conclusión de que *darle poder a un tercero no era un remedio atractivo para evitar que la ocupación británica continuara.*[57]

Para este autor, cuya muerte prematura debemos lamentar además porque nos privará de la agudeza de sus lecturas, el refuerzo en la intransigencia retórica argentina y el énfasis en los títulos históricos se debía a que si bien el proceso de descolonización había abierto la puerta para plantear el reclamo ante las Naciones Unidas, también lo había hecho al peligroso argumento de la autodeterminación. Tanto por necesidad diplomática como por pereza ideológica, el resultado es que la mirada histórica sobre las islas y la región debía congelarse en el tiempo:

> Fue precisamente la comprensión de que las Malvinas estaban subsumidas en esa lógica global lo que sembró la alarma entre los políticos argentinos, que podían observar como el status quo establecido en 1833 por fin se co-

57 Martín Abel González, *La génesis del enfrentamiento por las Islas Malvinas. El proceso de Descolonización y las negociaciones fallidas de 1964.1968.* Buenos Aires, Lajouane, 2015, pág. 360.

> menzaba a desmoronar, pero adoptando formas que podrían ser fatales, más que funcionales, a la reivindicación de larga data de Buenos Aires planteaba respecto del archipiélago. Debido a que el tema central de la campaña anticolonial de la ONU era la defensa de la libre determinación y que al invocarla en el caso de las Malvinas se podría dar lugar a la legitimación de la dominación británica o, peor aún, al nacimiento de una nueva entidad autónoma, la diplomacia argentina traccionó primero tratando de demostrar que el territorio no era una colonia, sino un territorio ocupado y luego, cuando el reconocimiento de la condición colonial de las islas se hizo inevitable, luchando para convencer a la ONU de que en su descolonización no se podía obviar la controversia internacional preexistente.
>
> Si bien en la Resolución 2065 (XX) se le brindaba a Buenos Aires una mínima garantía, esta no era suficiente para calmar sus ansiedades, porque no solo el camino tortuoso que condujo a la resolución había puesto de manifiesto los obstáculos y riesgos que la posición argentina no podía sino tener que afrontar en el ámbito multilateral, sino que además el papel potencial de las islas en la Guerra Fría, su situación en el régimen del mar que se estaba gestando y su relación incipiente con una Europa unificada confirmaban la necesidad urgente de salvaguardar la reivindicación en una era de volatilidad internacional sin precedentes (págs. 358-359).

El recalentamiento de las disputas históricas y de la instalación de Malvinas como bandera nacional se vio fortalecido, no solo por la reapropiación que de ella analizamos a partir de la década de 1950, sino por profundas necesidades de la política exterior (quizás por eso una institución anti peronista como la cancillería aceptara que un libro oficioso como el de Muñoz Azpiri homenajeara simbólicamente al *Libro Azul y Blanco* de Perón, o aceptara que más allá del dictamen de la Academia Nacional de la Historia, reivindicara la figura de Rivero). En todo caso el refuerzo del relato histórico de la usurpación y los hechos de sangre de 1833 confluyeron en el río mayor del discurso y las acciones violentas que caracterizaron la vida política argentina desde, por lo menos, el bombardeo salvaje de 1955 e hicieron crisis con el golpe militar de 1976.

Resulta curioso –y doloroso– retrospectivamente, que mientras comenzaban a abrirse puertas de vínculos materiales con las islas, desde el punto de vista cultural y político se reforzaba el discurso ideológico más intransigente de la historia de la usurpación, con dos vertientes: la tradicional histórica diplomática –denostada por los historiadores revisionistas– y las más reciente revisionista nacida a mediados del siglo XX, latiendo al pulso de la historia y las luchas políticas nacionales que desembocaron en la dictadura militar de 1976 y la guerra de 1982.

Hubo una guerra

“Yo tenía nueve años y jugaba a los soldaditos y de repente todo esto. La guerra se llevó unos cuantos de mi pueblo... marineros, pilotos de Dagger, etc... Pero también volvieron muchos... y nunca ya nada fue igual”, me escribe desde Córdoba un corresponsal de las redes sociales, en una apretada síntesis que condensa la experiencia de la guerra y la posguerra de 1982.

¿Qué es lo que vuelve presente un acontecimiento? El interés de sus protagonistas, sin duda. Pero también, lo irresuelto de algunas de sus características, de los procesos que lo desencadenaron y sus múltiples y asincrónicas consecuencias. En esa clave, la guerra de Malvinas (abril-junio de 1982) y sus posguerras puede ser leída como una gran posibilidad de asomarse a la historia reciente argentina y, por otra parte, a procesos identitarios de más larga data. En esa mirada, la guerra de Malvinas, esencializada retóricamente, *pasa a ser un acontecimiento más*. Particularmente intenso, sin duda. Pero uno más.

Con este razonamiento, es posible afirmar lo siguiente: para hablar sobre ese acontecimiento los protagonistas directos tienen la legitimidad que da la experiencia, tienen el derecho a hacerlo, pero lo que no tienen es el monopolio de la verdad. Esta idea se extiende a otros episodios extremos o dolorosos de la historia reciente argentina, y si la enfatizo es porque la voz del testigo o el sobreviviente como sinónimo de lo verdadero puede obturar procesos de memoria sociales más amplios. La mirada de los sobrevivientes de una guerra, de sus deudos, es particular, es única, pero para la lectura histórica y política es, por un lado, una posible fuente de información, pero por el otro, es una mirada más.

Volvemos a lo que escribió mi corresponsal cordobés en la web: ¿Dónde están los mecanismos sociales que le permitieron a ese niño, hoy adulto, entender lo que había pasado? ¿Y si para ese chico que creció la perplejidad que manifiesta en el presente (que contiene a la vez tantos implícitos –el hundimiento del ARA Belgrano, aviones derribados) permanece con tanta intensidad, no es correcto preguntarnos si la sociedad argentina aún no hizo el duelo de la guerra? Es verdad, la rendición en las islas fue hace casi cuarenta años. Pero podemos responder de inmediato que hace menos de cinco que la mayoría de los muertos enterrados en las islas están identificados cada uno en su tumba, gracias al trabajo del Equipo Argentino de Antropología Forense.

Sucede que la guerra de 1982, ese conflicto tan intenso mientras duró, ese conflicto que movilizó al país, una vez acallados los tambores de guerra confluyó y fue atrapado, como las piedras en un aluvión, en el más amplio proceso de la dictadura, y entonces el lugar para el duelo y la reflexión nacionales sobre la guerra vivida encontraron un espacio mucho más acotado para circular. Los medios de comunicación, los partidos políticos, las Fuerzas Armadas, estaban ocupadas y demandadas en cuestiones más urgentes: la transición a la democracia, las denuncias por las violaciones a los derechos humanos, los testimonios de aquellos otros sobrevivientes a la muerte, las víctimas del terrorismo de Estado. La guerra, que había sido nacional, se fragmentó, y su memoria solo fue sostenida de manera parcial por quienes la habían vivido directamente, sus familiares y deudos, y las instituciones castrenses, en menor medida partidos y sindicatos, más porque no les quedaba remedio debido a su especificidad que por una verdadera voluntad conmemorativa.

Entonces puede ser que cuatro décadas después, efectivamente, el país no haya llorado a sus muertos ni reconocido simbólicamente a sus combatientes, y aún se debata entre las demandas de homenaje, la voluntad de silencio y los desesperados pedidos de reparación (a medida que el tiempo pasa, los padres y madres de Malvinas mueren). Tan intenso fue el choque entre lo vivido en las islas y la perplejidad social al regresar que más allá de concretas medidas de reconocimiento a escala local y nacional, la marca es la del silencio y el olvido.[58]

---

58 Para analizar las luchas por la memoria de la guerra de Malvinas, remito a Federico Lorenz, *Las guerras por Malvinas*, Buenos Aires, Edhasa, 2012. Daniel Chao publico un muy buen trabajo que permite señalar que la demanda de reconocimiento histórico convive con gran cantidad de iniciativas estatales de reparación material y reconocimiento simbólico, lo que de alguna manera cuestiona el mito de origen acerca del

Resulta dolorosamente curioso que la sociedad y las instituciones hayan repetido el mismo mecanismo que con las víctimas de la dictadura militar, pero no es nada sorprendente. Hablamos, cuatro décadas después, que la demanda es la de un reconocimiento sobre todo simbólico: el gran desfile de todas las unidades combatientes aplaudidas por su pueblo, por ejemplo. Pero sucede que en tanto el relato nacional, aquella unanimidad posible entre el 2 de abril y el 14 de junio de 1982, se destruyó con la derrota, el otro reconocimiento, el de la convivencia con las atrocidades dictatoriales, tornó imposible la unanimidad en el aplauso a los veteranos de guerra, como no fuera aplastando esas contradicciones mediante el recurso simbólico del relato patriótico fortalecido por el irredentismo malvinero. Esta dificultad se potencia por el estancamiento conceptual para pensar el problema de Malvinas. La falta de imaginación en este campo no deja otro camino que la ritualización. Los memoriales son tanto expresión de dolor como señal de impotencia y comodidad. Su cantidad y diversidad es directamente proporcional al punto muerto en el que están las acciones en relación con la resolución de la disputa soberana, porque la reemplazan. Aunque se hable de olvido, lo cierto es que la intensa presencia de las memorias de Malvinas a escala nacional y local revelan que el recuerdo de la guerra ha desplazado a la preocupación por medidas concretas por la satisfacción del reclamo. La sociedad argentina, en particular su imaginación política, se ha refugiado en el pasado para alimentar la llama malvinera.

Cuando el reconocimiento llegó los "chicos de la guerra" del otoño de 1982 quedaron fijos en ese lugar, negada su condición de adultos a través del sacrificio de sangre. Otra vez, los paralelos con los combatientes masacrados de la revolución derrotada son tan evidentes como escasamente trabajados: lo único evidente, cuatro décadas después, es la desesperada necesidad social de pasar de página en aquel entonces, aunque en ese proceso arrasara las memorias, las tumbas, las acciones humanas, las heroicas y las otras.

Sí, entonces es posible que aún no hayamos llorado a nuestros muertos, abrazado a nuestros combatientes, repudiado a quienes no cumplieron con el mínimo deber de garantizar buenas condiciones a sus soldados. Librados a su suerte, ¿es sorprendente que se hayan sentido y aún se sientan con derecho a decretar de qué formas recordar la guerra, ser recordados? ¿Elegir

"olvido". Ver Daniel Chao, ¿Qué hacer con los héroes? Los veteranos de Malvinas como problema de estado, Buenos Aires, SB, 2021.

un repertorio simbólico por sobre otro, impugnar a gobiernos oportunistas, o al contrario, plegarse a ellos?[59]

Argentina, a cuatro décadas, aún no duela a sus muertos. A diferencia de los desaparecidos por el terrorismo de Estado, no por ausencia de los cuerpos, sino por el contrario, por la falta de una voz. Ante esa ausencia, al igual que las Madres de Plaza de Mayo que buscaban a sus hijos, los silenciados se aferraran con fuerza a las historias que se armaron para sobrevivir, a sus dolores y orgullosos, en un proceso intenso de consolidación de identidades tan fuerte como de sensación de propiedad, ante la ausencia de relatos públicos que los incluyeran. Las memorias de la guerra se fragmentaron al igual que el país que emergía de la dictadura y del arrasamiento económico y social, solo que, en uno de sus pedazos más intensos y a la vez pequeños, frente a dolores colectivos que alcanzaron una visibilidad mucho mayor. La unidad alcanzada durante la guerra "se rompió" finalizada esta, y cada uno de los contendientes simbólicos y sectoriales se replegó sobre su idea de lo que habían vivido en los meses de abril y junio. Fue un proceso tan cruel e injusto en lo individual como nocivo políticamente, porque Malvinas es uno de los elementos que "no entró" en la refundación democrática que planteaba el gobierno de Alfonsín.

Pero a la vez, las memorias de la guerra replicaron la lógica de apropiación de la causa nacional: el único lugar común es el de la usurpación y el honor nacional afrentado, pero luego, distintos actores políticos se atribuyeron "la verdadera historia". Primaron entonces las memorias subterráneas de la guerra: aquello que "los gobiernos no decían", los veteranos ocultos, las cantidades de bajas desfiguradas: una versión adaptada de los mitos urbanos sobre el terror estatal.[60]

¿Es posible un duelo colectivo en esas condiciones? No. En cambio, el repliegue en las memorias locales e individuales fue casi natural. Pero ese proceso de memoria tuvo consecuencias en nuestros modos de relacionarnos con Malvinas: a la causa sagrada de la recuperación de las islas (la tierra)

---

59 Este proceso, por otra parte, es común, aunque quizás con menos intensidad, a todas las guerras modernas, como demuestra la amplia bibliografía existente sobre otros conflictos armados. Por ejemplo: Christian Appy, *American Reckoning. The Vetnam War and Our National Identity*, New York, Penguin Books, 2016, Antoine Prost, *In the Wake of War. 'Les Ancies Combattants' and French Society, 1914-1939*, London, Berg, 1992 y Jay Winter, *Sites of memory, sites of mourning. The Great War in European Cultural History*, Cambridge, Cambridge University Press, 1995.

60 Analizo en profundidad este proceso en Federico Lorenz, *La llamada. Historia de un rumor de la posguerra de Malvinas*, San Miguel de Tucumán, EDUNT, 2017.

se agregó la sangre de los muertos, que sella simbólicamente los pactos en las sociedades.

Si en la década del sesenta la reivindicación de la historia de Antonio Rivero permitía señalar el ocultamiento de la esencia popular del país, después de 1982 a ese "silenciamiento" que se combatía se le agregó otro, que tuvo múltiples matices: la experiencia de la guerra vivida, que era la lucha contra el olvido de sus protagonistas. Pero, así como habían sido heterogéneas las experiencias de la guerra, también lo serían las reivindicaciones y reclamos. Apareció, sin embargo, una palabra clave: la "desmalvinización". Anticipo que no creo que tal cosa exista y sí, en cambio, que un momento histórico muy concreto, el de la inmediata posguerra, entregó este concepto para que en el presente el calificativo de "desmalvinizador" sea funcional a la deslegitimación de cualquier mirada que se corra del eje de la causa sagrada de Malvinas.

Este concepto tuvo su origen en marzo de 1983, último año de la dictadura militar. A partir de una entrevista que apareció en la revista *Humor*. En un reportaje de Osvaldo Soriano el sociólogo Alain Rouquié echó a rodar una idea que sería resignificada desde entonces hasta el presente:

> Quienes no quieren que las Fuerzas Armadas vuelvan al poder, tienen que dedicarse a 'desmalvinizar' la vida argentina. Eso es muy importante: desmalvinizar. Porque para los militares las Malvinas serán siempre la oportunidad de recordar su existencia, su función y, un día, de rehabilitarse. Intentarán hacer olvidar la 'guerra sucia' contra la subversión y harán saber que ellos tuvieron una función evidente y manifiesta que es la defensa de la soberanía nacional [...] Malvinizar la política argentina agregará otra bomba de tiempo en la casa Rosada.[61]

La idea central es que la propuesta de coyuntura del pensador francés fue resignificada de dos maneras: inicialmente, la desmalvinización pasó por el ocultamiento de los ex combatientes, la soledad en la que cargaron con las consecuencias de la derrota, la falta de respuestas concretas a sus necesidades (remito nuevamente a la obra de Chao para señalar que deben introducirse matices a esta idea). Hoy en día, son "desmalvinizadores" aquellos que critican el relato histórico argentino sobre las islas, o polemizan con quienes sostienen esas políticas sin fisuras. "Malvinizar", por el contrario, significa mantener viva la causa nacional, reproducir el relato de

61 *Humor*, N° 101, marzo de 1983. Me he ocupado de esta cuestión en *Las guerras por Malvinas* (2012).

la usurpación y el territorio nacional incompleto pero además, recuperar los valores asociados a la experiencia bélica de 1982. En ese proceso, según una consulta rápida mediante el buscador de google, el sistema educativo sigue ocupando un lugar clave.

Es indudable que, aunque contradictoria, la guerra agregó un nuevo elemento al proceso de extensión y popularización de la causa nacional iniciado a mediados de la década de 1950, a partir de una experiencia límite vivida colectivamente aunque con distintas intensidades. Por otra parte, añadió todo un nuevo campo de sentidos a este proceso cultural. Ahora había muertos que habían combatido contra los británicos, un cementerio de guerra, familias vacías, parejas rotas, mentes y cuerpos heridos para siempre, e instituciones que deberían dar cuentas.

Entonces, ¿era posible "desmalvinizar", como proponía Alain Rouquié? ¿O más bien la guerra había ahondado aún más, e impreso características particulares, a los vínculos de la sociedad argentina con las islas?

Es común hoy escuchar que el país vivió o vive una "desmalvinización". Esta idea debe ser sometida a revisión, no tanto por inexacta, sino más bien para dar precisión a lo que implica. Como señalé, "desmalvinizar" significó diferentes cosas. El gobierno democrático disputó a las Fuerzas Armadas que amenazaban su estabilidad un símbolo encarnado en la guerra por el archipiélago. Estas, utilizaron dicha guerra para reivindicar su lugar en la sociedad, en un momento en el que precisamente esta "descubría" las características del terrorismo de Estado, el papel de las FF.AA. en este y, por extensión, debía preguntarse acerca de su propia responsabilidad. Hoy, "desmalvinizar" significa actuar en contra del mantenimiento de la causa nacional.

Este proceso de empalme entre la historia previa a la guerra y la de la posguerra es visible, por ejemplo, en una circular del Ministerio de Educación, fechada el 15 de junio de 1982, día posterior a la derrota. El documento trazaba una línea entre el repertorio simbólico histórico de las guerras por la Independencia y la guerra perdida por las islas, y ofrecía una serie de recomendaciones argumentales frente a las seguras preguntas que recibirían los docentes. Se trataba de hacer énfasis en una serie de valores e ideas que trascenderían la coyuntura negativa y empalmaban con el glorioso pasado nacional, en el que la nación se había sobrepuesto a otras derrotas:

- El heroísmo es valor superior a la Victoria.
- La ocupación del 2 de abril fue un acto de recuperación, como afirmación de derechos y no de provocación o agresión.
- Afirmación de la unidad latinoamericana.

- No buscamos la guerra sino la afirmación del derecho y la justicia.
- No hemos buscado ayudas ajenas a nuestra identidad nacional.
- La Argentina reserva moral y cultural de occidente.
- Es más difícil la entereza ante la adversidad que la celebración ante el triunfo.
- El sacrificio y el dolor nunca son estériles.
- No obstante Vilcapugio, Ayohuma, Huaqui y Cancha Rayada, la emancipación de las Provincias Unidas del Río de la Plata fue una realidad hecha de heroísmo y de coraje.
- La historia señala muchas noches aciagas precursoras de días venturosos y sus héroes no fueron únicamente los vencedores de batallas.
- La síntesis final es la unidad demostrada en la convivencia de juventudes, que superando todas las diferencias se redescubrieron en el verdadero sentir argentino.
- La recuperación de las Malvinas es sello de una profunda unión nacional. Esto es realidad demostrada y no euforia transitoria.[62]

El fracaso de 1982, proponía la circular, debía ser inscripto en la "historia grande" de la nación. Esto no es privativo de sectores afines a la dictadura militar, o reaccionarios, sino que líneas de pensamiento aparecen en manifestaciones más recientes de gobiernos que se definen nacionales y populares, que incluyeron las islas Malvinas en otra genealogía, en la que se sostienen los tópicos de la historia pasada que justifican la soberanía argentina, pero se agregan *otros* que constituyen el linaje de *una* mirada s*obre la historia que se auto define como* popular.

Tras perder las elecciones nacionales de 2015, el director saliente del Museo Malvinas e islas del Atlántico Sur, Jorge Giles (político kirchnerista, ex preso de la dictadura militar que se presentó voluntario para combatir en Malvinas aún en esa condición), dirigió una "carta abierta" al nuevo Ministro de Cultura, Pablo Avelluto. El Museo (nos ocuparemos de él en otro capítulo) había sido inaugurado en 2014 por Cristina Fernández. En la carta abierta vemos el uso público de la historia de las islas y su inscripción en un linaje político, el del kirchnerismo:

---

62 Citado en Ministerio de Educación, *Pensar Malvinas. Una selección de fuentes documentales, testimoniales, ficcionales y fotográficas para trabajar en el aula*, Buenos Aires, 2009, pág. 127.

Permítame decirle, con todo respeto, que lo asesoraron mal respecto al Museo Malvinas, de quien tengo el orgullo de ser su guionista y sólo después, su organizador y primer director. Es una pena que usted no lo conozca. Quiero creer que no lo conoce porque si no, no habría dicho lo que dijo. De conocerlo sabría que no es el museo de la guerra sino de la paz, de la soberanía, de la vida, de la historia larga de Malvinas, de sus distintas miradas.

A tal punto es así, que la Presidenta Cristina Fernández de Kirchner lo inauguró el 10 de Junio de 2014. No un 2 de Abril. Ni un 17 de Octubre. Ni un 24 de marzo. Sino un 10 de Junio el día que, en 1829, Luis Vernet fue nombrado Comandante político y militar de las Islas Malvinas por el Gobierno criollo y que por eso mismo es el día que el ex presidente Juan Domingo Perón promulgó la ley que reafirma nuestra soberanía sobre las islas y que el ex presidente Alfonsín recuperó por decreto finalizada la dictadura [...] Es por eso que el Museo Malvinas no es un museo de la guerra, sino de la Causa Malvinas. A tal punto es así que las cuatro estaciones sobre las que asienta su guión (del que orgullosamente me hago cargo), hablan de la Vida (o sea, la flora y la fauna), la Pasión (o sea, la larga historia que arranca en 1520 y sigue hasta nuestros días), la Muerte (o sea, la guerra y sus consecuencias, con la alta valoración de nuestros caídos en suelo malvinense y en el mar Atlántico con el crimen de guerra contra el Crucero General Belgrano y al mismo tiempo, el profundo repudio a la dictadura cívico-militar que provocó ese desenlace funcional a los intereses del imperio británico) y finalmente la Resurrección, que es esta democracia que, desde Néstor Kirchner en más, ya no esconde bajo la alfombra de la historia a sus héroes y a su Causa mayor de soberanía sino que los muestra con toda dignidad y valoración patriótica [...].

Le cuento algunas perlitas ecuménicas y eclécticas del museo que chocan de frente con los nostálgicos de la dictadura y la mirada chauvinista y sesgada de Malvinas:Reivindicamos al Gaucho Antonio Rivero, el que fuera negado por los mitristas de aquella Academia de Historia que supo reinar en tiempos de dictaduras pre-democráticas. Me imagino que usted no querrá que lo asociemos a ideas tan viejas y conservadoras. ¿No es cierto?

Reivindicamos a Raymundo Gleyzer, cineasta argentino, primero en filmar la vida contemporánea en Malvinas, desaparecido por la última dictadura cívico militar.

Reivindicamos las distintas miradas culturales e ideológicas sobre la Causa Malvinas en una Sala que se llama, precisamente, "Sala de las distintas miradas". Allí se abrazan, en sus diferencias, José Hernández, Paul Groussac, Jorge Abelardo Ramos, Scalabrini Ortiz, Alfredo Palacios, Hipólito Solari Yrigoyen, Arturo Jauretche y otros valerosos corazones argentinos.

Reivindicamos a Perón y a Arturo Illia. Reivindicamos a los ex presidentes Néstor y Cristina Kirchner y Raúl Alfonsín [...] Reivindicamos a los mili-

> tantes del Operativo Cóndor que fueron a Malvinas en 1966 para reafirmar que las islas eran, son y serán argentinas. ¿Sabía usted que algunos de sus integrantes, como Dardo Cabo y Edgardo Salcedo, fueron asesinados luego por la dictadura de Videla, Massera y Agosti?
>
> Reivindicamos a las Madres de Plaza de Mayo que en plena guerra, en plena dictadura en 1982, portaron un cartel que decía: "Las Malvinas son argentinas; los desaparecidos también" [...] Como verá ministro, nosotros, los peronistas, llegamos primero en la idea de reivindicar Malvinas desde el paradigma de la democracia inclusiva, desterrando la mirada torva de la dictadura. [...]
>
> Suerte en la gestión Avelluto, cuiden el Museo y traten de superar toda mirada sesgada sobre Malvinas. Es mi honesto y humilde aporte. Y si se le ocurre cambiar algo del contenido museológico, cuide que no impacte sobre la belleza del edificio que tanto nos gusta. Sería una pena por los miles de pibes que lo disfrutan a diario y por los ex Combatientes que allí se emocionan. Sería inútil además. Porque, sin arrogancia alguna, sé que más temprano que tarde, los que formamos parte del proyecto de país que lidera Cristina y que parió el Museo Malvinas, vamos a volver. A volver, a volver, vamos a volver.[63]

En la descripción del director saliente, el flamante Museo es un sagrario en el que aparecen depositados aquellos elementos que considera constitutivos de la democracia argentina pero, también, del pueblo argentino, del cual el peronismo y el kirchnerismo son la expresión histórica. Así, Giles repudia el "relato chauvinista" pero reivindica al Gaucho Rivero; advierte que el museo no fue inaugurado un 2 de abril ni un 24 de marzo, pero reivindica a los caídos en una guerra iniciada por la dictadura que lo encarceló y la causa nacional y se define como heredero de las Madres de Plaza de Mayo.

"Nosotros, los peronistas, fuimos los primeros", dice Giles, homologando el peronismo a la causa nacional. Y hay una amenaza velada que a la vez pinta la noción de propiedad sobre el pasado: no hay que tocar nada del Museo –no hay que tocar nada del pasado– porque el kirchnerismo, encarnación de las luchas populares, va a volver a gobernar.

---

63 https://agencia-popular.com/2015/12/13/carta-abierta-al-senor-ministro-de-cultura-compatriota-pablo-avelluto/

El Museo[64]

En 2012, en ocasión de otro aniversario del 2 de abril (Día del Veterano y de los Caídos en la Guerra de Malvinas), la presidenta Cristina Fernández de Kirchner apeló a un puñado de símbolos que de alguna manera marcaron el rumbo de los años que seguirían. Agradeció el obsequio de las banderas desplegadas por los militantes de la Resistencia Peronista del grupo Cóndor en Malvinas en 1966, presentó el nuevo billete de 50 pesos con las islas como tema ("Argentina. Un amor soberano") y anunció la futura construcción del Museo Malvinas e Islas del Atlántico Sur en la ex ESMA.

El billete tiene en el frente la silueta de las dos islas mayores del archipiélago. Al dorso, encontramos una síntesis histórica por lo menos compleja. A la imagen del Crucero *ARA Belgrano* (hundido por los británicos durante la guerra), con el cementerio de guerra Darwin, se le agrega, montado en un caballo caracoleante, el Gaucho Rivero con el poncho al viento. La imagen estableció un linaje entre este personaje histórico, al que el revisionismo presenta como resistente a los ingleses en 1833 y los soldados argentinos muertos en la guerra de 1982. El hilo invisible que une a Rivero con los soldados es, por supuesto, la "causa Malvinas". La causa imanta hasta amontonarlos a los soldados caídos en una guerra ordenada por una dictadura, la figura controversial de Rivero y el mapa de las islas irredentas. Según el folleto de la Casa de Moneda: "el Escudo Nacional recuerda

64 Una versión inicial y más extensa de este texto en Federico Lorenz, "Visita a un sentimiento nacional. El Museo Malvinas e islas del Atlántico Sur" en AAVV, *Investigación, transferencias y gestión en museos históricos*, Cuadernos del Instituto Ravignani, N° 1, 2ª. serie, Buenos Aires, FFyL-UBA.

nuestro derecho soberano sobre los territorios reclamados [...] A ambos lados del billete está la imagen del faro, guía y fuente de iluminación, que marca el camino hacia la recuperación pacífica de las islas. La paleta de colores elegida, en tonos azules y celestes, evoca los del pabellón nacional que flameando en cada rincón del país añora volver a hacerlo sobre nuestra querida perla austral".[65] En esa representación, todas las aristas conflictivas relativas a la guerra de Malvinas quedaban subordinadas al fin supremo de la recuperación de las islas. Quedaba la tarea de elaborar un guión histórico que permitiera mostrar los lazos entre la historia lejana del archipiélago y el pasado reciente y materializar ese linaje histórico: esa solidificación del espíritu nacional se produjo en el Museo Malvinas e Islas del Atlántico Sur.

Desde su inauguración en 2014, el Museo Malvinas iba a ser el encargado de materializar un deseo nacional. Sólo que, como veremos a continuación, el museo no escapó a las disputas por los usos públicos del pasado. Construido de manera parcial y excluyente, fue y es considerado dicotómicamente, ya como propio, ya como ajeno, tanto por motivos históricos o ideológicos como, más prosaicamente, por cuestiones pragmáticas de uso político.

El cambio de gobierno en diciembre de 2015 permite entender tanto dicha polarización, ya que el kirchnerismo se consideraba depositario de la memoria de Malvinas y defensor de la causa nacional y había actuado concreta –aunque tardíamente– para materializar ese deseo. Con el cambio de autoridades en 2015, la batalla kirchnerismo-antikirchnerismo, macrismo-antimacrismo, encontró en el Museo uno de sus campos de batalla más silenciosos pero constantes, como, una prolongación de las disputas de mitad de siglo entre la historia académica y poco argentina que denunciaba Leguizamón Pondal y la historia criolla y nacional encarnada en Rivero. "Pueblo" y "antipueblo", "patria" y antipatria", "peronismo" versus "antiperonismo" también se encarnaron en el Museo.

Desde su inauguración, la institución tuvo cuatro directores: Jorge Giles (durante la presidencia de Cristina Fernández de Kirchner), quien esto escribe (durante la presidencia de Mauricio Macri), Gustavo Álvarez (ídem) y Edgardo Esteban (designado bajo la presidencia de Alberto Fernández, a cargo en este momento).[66] El Museo está emplazado en un predio significa-

---

65 Argentina, Casa de Moneda, *Nuevo billete $50. "Argentina. Un amor soberano"*. En "http://www.casademoneda.gob.ar/malvinas/nuevo-billete-de-50-pesos-islas-malvinas-un-amor-soberano-simbologia.html

66 Vale señalar que el único de los cuatro cargos concursados fue el que yo ocupé, entre 2016 y 2018.

tivo para las luchas por la memoria acerca del pasado reciente argentino, ya que allí funcionó un centro clandestino de detención y exterminio; luego de su "recuperación" por parte del gobierno nacional, en 2004, gradualmente se pobló de instituciones vinculadas a los derechos humanos.

El Museo Malvinas e Islas del Atlántico Sur es un edificio imponente y de moderna factura visible desde la Avenida Lugones, en la zona Norte de la Ciudad de Buenos Aires. Bajo la consigna "Paz, Memoria y Soberanía", el museo "expresa la memoria colectiva del pueblo argentino sobre nuestras Islas Malvinas e Islas del Atlántico Sur". Se trata de un sitio que tiene tanto de "museo" como de "memorial". Es el primer museo que podríamos llamar integral sobre Malvinas inaugurado en la Argentina, aunque no sobre la guerra: el Museo Nacional de Malvinas (Oliva, Córdoba) data de 1995, mientras que el del Soldado de Malvinas (Rawson, Chubut) funciona desde 2008. Pero el MMIAS materializa el relato gubernamental sobre la cuestión Malvinas. En ocasión de su inauguración Jorge Giles, lo definió como "el domicilio de la patria". Para su construcción, el gobierno de Cristina Fernández, a través del Secretario de Medios de la Nación, Tristán Bauer, empleó los recursos de Canal Encuentro, la TV Pública y el Ministerio de Educación. Giles fue el autor del guión de la muestra permanente. Tanto la disponibilidad de recursos como el flujo multitudinario de visitas garantizado por programas educativos de distintas áreas estatales y educativas se cortó con el cambio de gobierno. Si vale señalar esto es porque el Museo Malvinas, en tanto se basa fuertemente en el despliegue tecnológico y audiovisual, requiere de un elevado presupuesto para su mantenimiento y eventual renovación. Entre 2016 y 2018 el Museo prácticamente debió concentrarse en sobrevivir. Los intentos de modificar algunos aspectos del guión que aquí señalo como problemáticos fueron enfrentados por el personal del mismo a partir de la noción de "resistencia al macrismo", mientras que desde el punto de vista del oficialismo, para algunos el Museo era un símbolo de la gestión anterior que había que desmantelar o, como mínimo, "apagar". El Museo prácticamente no recibió recursos con excepción del salario de los empleados. Cabe acotar también que la mala situación presupuestaria de los museos es crónica en la Argentina. En consecuencia, salvo ligeras modificaciones tanto la muestra permanente como el guión son los de su fundación. El cuerpo de guías desempeña un papel central, en tanto son los encargados de hilvanar históricamente lo que el Museo muestra.

El relato histórico acerca de Malvinas se mezcla con la historia reciente. Así, desde el interior del edificio del Museo se contempla una escultura en chapa de barco que recuerda la silueta del *ARA Belgrano*, hundido por los británicos. A sus pies, en un espejo de agua, las Islas Malvinas parecen estar al alcance de la mano, bajo una gran bandera argentina. En el exterior también funcionaba un parque temático (el "Parque de la Soberanía") compuesto por juegos de madera que recreaban la historia, la flora y la fauna de las islas.

El interior, dividido en tres plantas, está dominado por "Don Luis Vernet", la avioneta con la que Miguel Fitzgerald aterrizó en las islas en 1964. Bajo esta, hay una sala denominada "Prólogo" donde se exhibe en 360° un video que presenta la historia de Malvinas desde el descubrimiento al presente.[67]

La muestra permanente está dividida en estaciones. En el primer piso, el *Verano* remite a la flora, la fauna y la geografía, mientras que el *Otoño* abarca la historia desde la época colonial, pasando por la agresión británica, a las biografías de personajes importantes para la historia del archipiélago. En el último piso, el *Invierno*, que remite a la dictadura militar y a la guerra de 1982, convive con la *Primavera*, asignada no al período democrático sino, sobre todo, al kirchnerismo, al que el guión original otorga el papel del gobierno democrático que más hizo por las islas. Este esquema estacional se superpone también con las ideas de "vida", "muerte" y "resurrección", ciclos vitales y religiosos. Simbólicamente, el presente –el Museo inaugurado– era un momento en el que los argentinos se volvían a encontrar con Malvinas.

En sus orígenes en el Museo había un destacamento de soldados del regimiento de Granaderos a Caballo que hacían recorridos o montaban guardia en sus distintos pisos. Esa presencia militar, en un museo cuya consigna es "Paz, Memoria, Soberanía" y en la ESMA, resultaban perturbadores.[68] Un museo con las características de "voz oficial" sobre un tema en un espacio donde se practicó el terrorismo de Estado es por lo menos problemático, ya que la disputa por Malvinas produjo una guerra planeada y conducida por la misma dictadura militar que practicó la represión interna. Esta cuestión, nodal para pensar la historia de Malvinas, no fue problematizada por el guión del m, que siempre dividió entre "la causa legítima y popular" y "los militares que la malversaron". Lo importante era materializar que las Mal-

67 El video original era un recorrido histórico con gran despliegue técnico y un fuerte énfasis en el papel del kirchnerismo en la "causa Malvinas". Fue reemplazado en 2017 por otro de menor calidad técnica y más lavado en cuanto al relato. Lavado, según sus críticos, por hacer énfasis en la historia sociocultural atlántica y no en el relato estatal-nacional Desconozco cuál se exhibe actualmente.

68 Durante mi gestión decidimos no renovar el pedido de esa guardia simbólica en el Museo. Desconozco la situación a la fecha, más allá de la situación propia de la pandemia.

vinas son argentinas. Metafóricamente, materializar las islas en la capital del país.

Una línea de tiempo recibe al visitante e informa sobre casi quinientos años de historia "malvinera". El marco conceptual de esa cronología se nutre del revisionismo histórico, tanto en su clave internacional (la lucha imperialismo-anti imperialismo) como nacional, con los tópicos de "nacionalismo versus liberalismo" y "rosismo versus mitrismo". Hay una disparidad evidente entre la abrumadora cantidad de datos que ofrece en relación con la historia de las islas previa a la ocupación británica y las décadas posteriores. Eso es un reflejo del interés en probar los títulos históricos argentinos sobre las islas (como veremos más adelante, que ha condicionado seriamente la producción histórica sobre el archipiélago). Al llegar al siglo XX, los hitos son las acciones diplomáticas posteriores a la creación de las Naciones Unidas. En 1966, "siete banderas argentinas flamean en Malvinas" llevadas por "18 jóvenes, la mayoría identificados con el peronismo" durante la Operación Cóndor (una de ellas se exhibe en una vitrina rodeada por un grueso marco de metal con el nombre de la ex Presidenta Cristina Fernández de Kirchner, que las recibió en donación). El 14 de junio de 1982, "tras la tenaz resistencia de los soldados argentinos, que lucharon contra una de las fuerzas militares más poderosas del mundo, se pacta el cese del fuego". Sin embargo, lo que el general Menéndez firmó en las islas ese día fue una rendición incondicional. En su versión original, la cronología informaba que en la guerra habían muerto "649 conscriptos versus 255 profesionales". Esto era incorrecto, tanto por la lectura que inducía, como por los datos: 649 es el total de muertos argentinos, incluidos oficiales y suboficiales. De hecho, en las salas dedicadas a la guerra, nos enteramos de que en realidad murieron más oficiales y suboficiales (356) que conscriptos (292) y que hubo 18 fallecidos civiles. La línea de tiempo también omitía datos relativos a la presidencia de Carlos Menem, que produjo hitos significativos en relación con Malvinas: la reanudación de las relaciones diplomáticas con Gran Bretaña, los vuelos semanales a las islas, la creación de la comisión Nacional de Ex Combatientes... Sucede que se debe llegar al 2003, cuando con el discurso del 25 de junio de ese año en la ONU de Néstor Kirchner "se inicia así la más decidida política de Estado en defensa de nuestra soberanía".

Uno de los cambios que realizamos durante mi gestión fue reemplazar dicha cronología por otra "atlántica" con énfasis en la historia sociocultural del espacio. De hecho, "comenzaba" con una mención a los pueblos originarios presentes en la zona austral y luego se enfocaba, sobre todo, en los seres humanos que ocuparon el espacio, las prácticas económicas, etc.

Como señala Benedict Anderson en *Comunidades imaginadas*, los museos, junto a los censos y los mapas, "moldearon profundamente el modo en que el Estado colonial imaginó sus dominios; la naturaleza de los seres humanos que gobernaba, la geografía de sus dominios y la legitimidad de su linaje".[69] Esa forma de entender el mundo, advierte, la heredaron las sociedades poscoloniales, lo que no deja de ser contradictorio para un Museo destinado a sostener una causa de un país que se piensa víctima del colonialismo, pero mediante cuyas prácticas ocupó buena parte de su actual territorio nacional. El paradigma de este proceso es la "Conquista del desierto", la ocupación de la actual Patagonia argentina, pero con menos visibilidad pública, también la del Chaco. O las matanzas de onas y yaganes en Tierra del Fuego. Situaciones que se denuncian y critican desde algunas ideologías pero que conviven perfectamente en sus actores junto a la reivindicación de la soberanía nacional, construida también sobre esas existencias arrancadas a los territorios que habitaban.

Las salas temáticas del Museo replican los argumentos históricos y geográficos que sostienen los derechos nacionales sobre Malvinas aprendidos por generaciones de argentinos. Se exhiben rocas que muestran la continuidad geológica entre las islas y el Continente y especímenes embalsamados de la flora y fauna de las islas, como pruebas de la integridad territorial. Junto a la réplica del esqueleto de un elefante marino del Sur (*Mirounga leonina*) leemos que estos "se reproducen o mudan en Península Valdés, llegan hasta las Islas Malvinas e Islas Georgias del Sur en alguna etapa de su ciclo anual". Eso probaría los vínculos "naturales" entre Malvinas y el continente. Una biologización de la soberanía.

Las secciones de la historia decimonónica son las más rígidas del Museo, fundamentalmente histórico-políticas, ajenas a notables avances historiográficos argentinos e internacionales en términos de historia regional. El guionista museográfico optó por la versión revisionista de la historia, en oposición a la visión "liberal y mitrista" sometida culturalmente al imperialismo. En consecuencia, las salas de temática histórica nos dicen más sobre la historia del reclamo que sobre el archipiélago. Dada la imposibilidad de modificar la muestra debido a las restricciones presupuestarias, durante mi gestión intentamos problematizar estas cuestiones en visitas guiadas y exhibiciones temporarias, con una actitud por lo menos refractaria por parte del cuerpo de guías. Desde mi punto de vista, el rechazo a los cambios se debía a dos motivos: en primer lugar, entendían que su forma de "resistir al

69 Benedict Anderson, *Comunidades imaginadas*, Buenos Aires, FCE, 1993, págs. 228-229.

macrismo" era el de mantener el Museo tal cual estaba. En segundo lugar, un relato histórico diferente al que el Museo proponía era antinacional, contrario al dogma malvinero encarnado en el espacio. Ambos elementos confluían para sostener la actitud de oposición que señalé.

El mejor ejemplo de la renovación tecnológica de miradas añejas es la reivindicación del Gaucho Rivero. Unas animaciones de notable factura técnica lo muestran como "el criollo que sintió la patria junto a sus compañeros", "encabezó la rebelión" contra los ingleses y "defendió el orgullo patrio". Vemos exhibida una copia de un documento que supuestamente registra su nacimiento. Esta evidencia coexiste con la afirmación de que "dicen que murió peleando en la vuelta de Obligado", cerrando de forma perfecta, como señalé en un capítulo anterior, su figura de héroe nacional y popular.

La visión sobre Gran Bretaña y su presencia en América se concentra en su carácter imperialista y se derrama sobre los británicos y, aunque tácitamente, sobre los isleños. Los hitos: las Invasiones inglesas (1806-1807), la Baring Brothers (1824), el Pacto Roca-Runciman (1933), los ferrocarriles y las represiones asociadas a "La Forestal" y las huelgas patagónicas. Pero sorprendentemente (pues no se desprende del "historial" reseñado), un texto destaca que "la comunidad británica está integrada a la sociedad argentina". ¿Ejemplos? La comunidad *galesa* en la Patagonia, la práctica de algunos deportes: fútbol, polo, hockey, rugby y la "ascendencia británica de personalidades como Jorge Luis Borges y María Elena Walsh".

El relato histórico del Museo se debilita en el plano de la historia reciente. Es destacable por su austeridad conmovedora un espacio en el que los retratos de los muertos en la guerra interpelan al visitante con la proyección del cementerio de guerra de Darwin como fondo. Pero a la entrada de esa sala, el Museo exhibe el rostro de Pedro Edgardo Giachino, el oficial de Marina muerto durante el desembarco del 2 de abril en el asalto a la casa del gobernador británico. La cartela destaca que antes había participado de los grupos de tareas y "sus acciones quedaron tras un manto de neblina". El señalamiento de su doble condición de represor y caído en la guerra muestra la ambigüedad de la instalación del MMIAS en un lugar como la ex ESMA. Si "Malvinas es un lugar de encuentro nacional", ¿el caso de Giachino es secundario? ¿Y si no lo es, cómo tramitarlo en un sitio de memoria? ¿Cómo reivindicar a los caídos en la patria cuando uno de ellos fue un represor?

A unos pasos de este espacio para el recogimiento, hay una sala sobre las distintas plazas públicas que se produjeron en la Plaza de Mayo durante la guerra. Es una excelente instalación acerca de las "plazas de Malvinas", en la que conceptualmente se distingue entre la dictadura y el pueblo, que desarrolló su "resistencia popular" contra ella, reforzando la dicotomía entre "el pueblo" y la manipulación a la que "fue sometido" durante el conflicto.

El espacio dedicado a la experiencia de guerra exhibe objetos usados por los soldados recuperados en viajes a las islas, cartas enviadas de y hacia Malvinas, fotografías de las agencias oficiales, acompañados por cortos y fragmentos de entrevistas. Ocupa un lugar destacado el *Informe Rattenbach*, publicado oficialmente en 2012 Pero todo lo minuciosa que es la cronología que narra la historia larga del conflicto en la planta baja, se diluye para aquel que quiera enterarse de qué sucedió en las islas entre abril y junio de 1982. La "experiencia" carece de aristas, matices, fechas y lugares.

Sucede que la guerra es el aspecto más problemático de un museo así situado en la ex ESMA. Vale preguntarse si la voluntad de reforzar una causa nacional a través de un museo tiene un lugar adecuado en un sitio donde en nombre de esa patria común a todos se masacró a millares de compatriotas. Acaso lo más adecuado hubiera sido un museo solo sobre la guerra: una instalación que pusiera en cuestión esa misma idea de patria que llevó tanto a la guerra como al terrorismo de Estado y que confluyen en la ESMA. Pero la esencialización que el Museo hace de la "causa Malvinas" dificulta ese proceso. Al mismo tiempo, no es casual que este sea el primer museo sobre el pasado reciente que se inaugura en la ex ESMA. Es una fotografía de lo que hemos avanzado en relación con la historia y la memoria de Malvinas: instala la posibilidad de convivencia entre un discurso nacionalista esencialista que no reflexiona desde la historia vivida con la marca de la guerra, algo característico de los relatos en pugna sobre Malvinas. Aquí el enemigo es externo, son los británicos. Una réplica malvinera de la lógica del "ejército de ocupación" con la que se explicó la cotidianeidad de la dictadura en los primeros años de la democracia.

Ahora bien, ¿puede pensarse un museo sobre la historia de Malvinas y soslayar una reflexión sobre la guerra de 1982, si entre otras cosas fue una forma de entender la nación la que llevó a la sociedad argentina a ella? Es probable que esta sea una pregunta imposible de responder, como difícil de explicar el discurso de Raúl Alfonsín en la Semana Santa de 1987: los golpistas eran menos culpables, pareció decir desde el balcón de la Casa Rosada, porque habían combatido en Malvinas.

El Museo Malvinas es la encarnación de una contradicción más profunda: aquella existente entre un relato histórico cristalizado e inamovible (aquel que fundamenta los derechos argentinos sobre las islas) anclado en una mirada sobre la Historia, las descripciones de la flora y la fauna austral, un catálogo de símbolos nacionales y referentes identitarios, para llegar a la crisis de la idea de nación (uno de cuyos pilares es, precisamente, la causa por la recuperación de las Malvinas) que el terrorismo de Estado y la derrota de 1982 produjeron.

Se suele cuestionar al kirchnerismo por su permanente apelación al pasado para legitimarse como fuerza histórica. El Museo Malvinas en esa línea, es el epítome de dicho proceso retórico. Desde el comienzo de su planificación, encarnó el conflicto y la polarización, al punto que el proyecto finalmente materializado por la presidencia de Cristina Fernández de Kirchner en 2014, ignoró que Néstor Kirchner, como presidente, ya había asignado un edificio, frente a Plaza Miserere a la Comisión de Familiares de Caídos en Malvinas, con una mirada mucho más tradicionalista, que sostiene que la guerra de 1982, por su origen en una causa nacional, está por encima del contexto en el que se produjo. Ese museo jamás se construyó pero la Comisión montó con apoyo privado una muestra itinerante de gran calidad, basada fundamentalmente en pertenencias de los soldados y sus familias; exhibe las cruces originales del cementerio de Darwin (erigidas por los británicos, que construyeron el camposanto, fueron reemplazadas por las actuales cuando se reconstruyó el cementerio en la década de los noventa).

El Museo es la expresión máxima de las dificultades para hablar de la nación. La crítica a la dictadura militar y la reivindicación de quienes combatieron allí conviven gracias a que están en espacios distintos: no hay un relato único sobre el conflicto. El visitante puede detenerse ante una pantalla y escuchar sobre los malos tratos a los conscriptos por parte de sus oficiales, trasladarse a la siguiente y escuchar el relato épico de las incursiones de los pilotos argentinos a la flota británica. Esto no es un problema *per se*, solo que dicha contradicción no se explicita o problematiza. No hay un relato épico patriótico de la guerra, pero se reivindica a los soldados conscriptos que combatieron en Malvinas. Eso es evidente sobre todo en las visitas, donde los guías establecen una diferencia tajante entre la dictadura militar y quienes combatieron, aunque sin entrar en detalles de cómo fue la guerra. Emerge un problema conceptual que se traduce en varias cuestiones. La primera, por caso, es que el Museo, que tiene un monumento de homenaje al *ARA Belgrano*, no dedica ningún espacio a narrar que precisamente en ese sitio, con anterioridad al Museo, durmieron generaciones de suboficiales de la Armada, muchos de ellos tripulantes del crucero. La segunda es que el modo de presentar (ya que no se la narra) la guerra es cuestionado por muchos de sus protagonistas directos. Es probable que por este tipo de omisiones muchos de los actores a los que "Malvinas" alcanza no se sientan interpelados por el Museo (entre ellos, agrupaciones de veteranos de guerra).

Para el especialista Andreas Huyssen una de las características positivas de un museo es su "naturaleza dialéctica [...] que está inscrita en sus mismos procedimientos de colección y exhibición".[70] No obstante, este potencial choca con lo que el clima cultural hace que se espere de ellos cuando "simplemente lo celebran como garante de posesiones indisputadas, como caja fuerte de las tradiciones y cánones occidentales, como sede de un diálogo apreciativo y no problemático con otras culturas o con el pasado". Este es el caso del Museo Malvinas, que fue diseñado, precisamente, para mantener viva una idea acerca del pasado, para *legarlo* y no para favorecer su *reapropiación*. El Museo fue concebido solo para reforzar una certeza: que "las Malvinas fueron, son y serán argentinas".

Este elemento condicionante plantea un límite conceptual. El discurso territorialista, que atraviesa el reclamo por las Malvinas, puede satisfacer a la mayoría de los actores, pero las formas de narrar la guerra en su nombre (la omisión de distintas facetas de la guerra –y el énfasis en otras) deja afuera a muchos de sus protagonistas. A la vez, los grandes ausentes en el Museo –y en nuestro pensamiento sobre las islas– son quienes viven en el archipiélago. La mirada centralista que pensó el guión no permite ni siquiera identificarlos pensarlos como isleños o patagónicos: son británicos y usurpadores.

Un Museo con estas características estructurales y coyunturales está lejos del pensamiento crítico, o el lugar crítico del intelectual. Pero no fue concebido con ese objetivo, ni está preparado para eso, y tampoco sabemos si la sociedad espera eso de un Museo que es tanto sobre una "causa nacional" como el "memorial" de una guerra. Lo que resulta evidente es que hay un condicionante *a priori* para cualquier abordaje acerca de la cuestión Malvinas: que las islas fueron, son y serán argentinas.

El problema es que la generación del conocimiento, esencial al quehacer científico y humanístico, puede ser altamente contradictoria con estos objetivos, que buscan generar pertenencias e identificaciones. En una mirada nacionalista, la mirada de las Ciencias Sociales y las Humanidades es disruptora y peligrosa, salvo que "refuerce" los argumentos propios.

---

70 Andreas Huyssen, *El busca del futuro perdido. Cultura y memoria en tiempos de globalización*, Buenos Aires, FCE, 2007, pág. 45. Las citas que siguen corresponden a la misma página.

El resultado es la parálisis. Señala Huyssen: "una sensibilidad museística parece estar ocupando porciones cada vez mayores de la cultura y la experiencia cotidianas. Si se piensa en la restauración historicista de los viejos centros urbanos, pueblos y paisajes enteros hechos museo, el auge de los mercadillos de ocasión, las modas retro y las olas de nostalgia, la museización obsesiva a través de la videocámara, la escritura de memorias y la literatura confesional, y si a eso se añade la totalización electrónica del mundo en bancos de datos, entonces queda claro que el museo ya no se puede describir como una institución única de fronteras estables y bien marcadas. El museo, en este sentido amplio y amorfo, se ha convertido en un paradigma clave de las actividades culturales contemporáneas".

Un Museo sobre un archipiélago usurpado, en un preocupante movimiento de síntesis, se transforma en un espacio que condensa la nacionalidad, sin pensar que la derrota de 1982 no solo alejó las islas de la Argentina, sino que también reveló el fracaso de una forma de auto percepción como país. La idea misma de patria, que un contexto complejo como 1982 evidentemente tensiona, emerge indemne por efecto de la causa nacional. Podríamos concluir, entonces, que a falta de las islas, tenemos el Museo, que representa lo que creemos que son y, por extensión, lo que entendemos por país, la comunidad que imaginamos.

Por lo pronto, es un espacio en el que no aparecen quienes viven en las islas. Como señala el periodista Ernesto Picco luego de haber estado en Malvinas y visitar el Museo: "En todo el Museo no encontré rastro sobre la gente que he visto y con la que he conversado. Las islas donde ellos viven, aquí no existen. Tampoco existen, claro, las que nosotros nos imaginamos. Soñamos con otras islas".[71]

Más allá de las restricciones presupuestarias y la oposición a los cambios con las características que señalé antes, considero que aún con recursos suficientes, el problema de fondo es la negación a la discusión de las formas en las que pensamos Malvinas. Frente a un mandato transformado en creencia, alimentado con sangre de compatriotas, no hay disensos posibles, por más argumentados que estén, sea cual sea la forma en las que los presentamos. Creer no es lo mismo que saber.

71 Ernesto Picco, *Soñar con las Islas. Una crónica de Malvinas más allá de la guerra*, Rosario, Prohistoria ediciones, 2020, pág. 204.

Sangre y tierra

La sangre y la tierra son dos elementos sagrados sobre los que se fundan identidades y pertenencias. A partir de dos incidentes producidos en 2007 y 2017, que pusieron en tensión esos símbolos (y de esa forma se vuelven fértiles para la interpretación) podemos ver algunos de los límites conceptuales implícita o explícitamente existentes para la reapropiación y transmisión crítica de Malvinas. El primero de los episodios es un incidente que se produjo en el Ministerio de Defensa en el vigésimo quinto aniversario de la guerra (2007). El segundo, más modesto, tuvo por escenario un encuentro científico organizado en 2017 en el Museo Malvinas e Islas del Atlántico Sur, aún bajo mi dirección. Es importante señalar que tanto el Ministerio de Defensa como el Museo están ubicados en la ciudad de Buenos Aires, la capital argentina. O sea que si bien son episodios locales geográficamente, expresan (por el escenario como por tratase de instituciones nacionales y por la criticada macrocefalia nacional que condiciona la forma de circulación de las memorias públicas) situaciones útiles para pensar Malvinas a una escala nacional.

En 2007, la Comisión de Familiares de Caídos realizó en el Ministerio de Defensa un "escrache". Consideraron ofendida la memoria de los muertos en Malvinas debido al contenido de una exhibición y explicaron la decisión de retirar sus objetos de esta manera:

> Desde el momento mismo de su nacimiento, la Comisión de Familiares de Caídos en Malvinas e Islas del Atlántico Sur viene luchando para enaltecer la memoria de sus Héroes [...] Como sucede con todas las causas verdaderamente nacionales y populares, el homenaje a los Héroes de Malvinas y a la Gesta, se inició de abajo hacia arriba. A lo largo de estos 25 años, fue el

> pueblo argentino el que –sobreponiéndose a la incesante desmalvinización promovida por el sistema político, cultural, educativo y comunicacional de postguerra– ofreció leal y sinceramente su tributo a los Caídos y a la Causa por la que dieron sus vidas [...] La sabiduría popular nunca confunde lo principal con lo secundario: *hay una parte de nuestro territorio ocupada por una potencia extranjera*. Es un conflicto que atraviesa toda la historia argentina y que compromete su futuro y el de la Región. *Hay hombres que cayeron luchando por esta Causa. Son nuestros Héroes*. Esto es lo principal. Esto no puede olvidarse.[72]

Más allá de que esta acción política expresaba la reacción de un grupo que había consolidado sus posiciones durante el menemismo frente al avance de sus adversarios políticos dentro del gobierno de Cristina Fernández, la cuestión de fondo es esencial: no puede haber acciones que manchen la memoria de los muertos y afecten una causa sagrada.

Al apropiarse de dicha causa (y por lo tanto, "quitársela" a otros), el kirchnerismo había abierto una caja de Pandora. ¿De qué modos gestionarían sus simpatizantes la manipulación de esos símbolos sagrados? Para responderlo, el incidente de 2017 en el Museo Malvinas permite ver cómo más allá de las disputas ideológicas en torno a las islas (que muchas veces encarnan en meras tácticas por ocupar lugares en el Estado y ser las voces autorizadas sobre el reclamo), los esencialistas tienen más acuerdos que desacuerdos.

Cerrada la caja, antes, durante o después, lo único que queda es el polvo sagrado en el que se mezclan la tierra y la sangre. Elementos simbólicos que materializan fuerzas que resultan superiores a cualquier coyuntura y que trascienden los gobiernos. En ese sentido, el macrismo, en cuanto al frente interno de la causa nacional, fue una mera anécdota en un relato mucho más sólido. Con su afán modernizador, eficientista y "antigrieta", entró con notable ingenuidad o llamativo desinterés a ese campo minado que es "Malvinas", lo que favoreció la liberación de dichas energías que, retóricamente, buscaba domesticar.[73] El contexto de polarización posterior a la derrota electoral del kirchnerismo, en 2015, tornó aún más difícil la posibilidad de analizar de formas distintas cualquier tema relativo a las islas.

---

72 Comisión de Familiares de Caídos en Malvinas e Islas del Atlántico Sur, *Nota a la Ministra de Defensa*, 14 de mayo de 2007. Subrayado en el original. Archivo del autor.

73 Por otra parte, esa idea macrista de que el kirchnerismo se había apropiado del "tema de los derechos humanos" hizo que sectores reaccionarios o procesistas se sintieran habilitados para expresarse públicamente, en un proceso similar al de los primeros años de Néstor Kirchner, sólo que con el aval tácito del Estado.

"A los tibios los vomita Dios", recoge el dicho popular del texto del Apocalipsis. En cuestiones de soberanía, a los investigadores, también. En 2017 el Museo Malvinas organizó un encuentro internacional para difundir trabajos de investigadores especializados en la historia patagónica y atlántica. La dirección del Museo se propuso tanto visibilizar esas investigaciones como apoyarse en el mundo académico para contraponer masa crítica con legitimidad académica tanto a los cuestionamientos políticos al Museo como a las adhesiones puramente emotivas al tema. A la vez, buscaba ampliar las aproximaciones a "Malvinas" a algo más que el recuerdo de la "guerra" y la reivindicación del archipiélago usurpado: una forma de mirar una argentina marítima.

El resultado fue un encuentro llamado *Berma de Tormenta. Primer Seminario Internacional de Historia Sudatlántica* cuya propuesta e invitación al público sostenía:

> El Museo Malvinas e Islas del Atlántico Sur tiene como uno de sus objetivos principales insertar la historia de las Islas Malvinas en el marco más amplio de la historia regional (en sus múltiples escalas: provincial, nacional, continental), con especial énfasis en construir una perspectiva atlántica del problema.
>
> Con esta premisa, desde el Museo buscamos construir un nuevo espacio de discusión sobre estos temas, en formato de seminario académico, que actúe como un punto de encuentro de los diversos acercamientos a la temática, para conformarnos como un centro de referencia institucional.
>
> La idea central es la de construir, tanto en el Museo en general como en este seminario en particular, un nuevo espacio de discusión que aborde perspectivas innovadoras sobre estos temas. Es necesario repensar la asociación entre la historia académica y las propuestas museológicas. Ese es el marco desde el que proponemos un Seminario Académico sobre Historia Regional del Atlántico Sur".[74]

Participaron algunos de los más importantes especialistas en el campo de estudios atlánticos (aún incipiente en la Argentina), tanto del CONICET como de diversas universidades públicas de distintas provincias argentinas, como una manera de ofrecer, también, una mirada federal sobre el tema. El énfasis de las ponencias estaba puesto en un enfoque sociocultural y regional del espacio Atlántico, en el que las islas Malvinas eran *un aspecto más del problema a analizar*, un posible punto del temario en una mirada que se proponía más amplia y, si no superadora, por lo menos problematizadora

74 Texto de la invitación a los participantes. Archivo del autor.

de la cuestión desde otros temas que la historia diplomática (por ejemplo, la historia social y cultural). Es decir que la cuestión soberana no era el tema principal que abordaron los expositores. Sus presentaciones trataron sobre los viajes entre Malvinas y el Continente, sobre la emigración a la Patagonia, sobre la vida a bordo de los barcos en los siglos XVIII y XIX, sobre la caza de ballenas y lobos marinos.

La devolución que los comentaristas, ambos trabajadores del Museo, hicieron a los estudiosos fue una llamada al orden desde la intangibilidad del reclamo soberano por Malvinas. Uno de ellos, al comentar un trabajo de campo en las islas, valoró los matices en relación con las experiencias regionales en el Atlántico, pero señaló que le generaban una gran pregunta: "Cómo hacer para juntar todo esto y transformarlo en una herramienta que sirva a nuestro reclamo, eso no me quedó tan claro. No es una chicana, sino que es una pregunta genuina". Verbalizó la principal incomodidad que habían generado las intervenciones: eran racionales, eran interesantes, eran tan novedosas como sólidas, pero no "servían" para fortalecer "el reclamo". Proponían "descentramientos de todo tipo" y en sus propias palabras eso "nos disparó una cosa paranoica", en alusión tanto al auditorio como a los guías del Museo.

Llegó el turno de otro comentarista, que ocupó su lugar en la mesa con un poncho al hombro y mate bajo el brazo. Comenzó leyendo para todos los presentes desde su celular la cláusula transitoria de la Constitución Nacional. Recordemos el texto:

> La Nación Argentina ratifica su legítima e imprescriptible soberanía sobre las Islas Malvinas, Georgias del Sur y Sandwich del Sur y los espacios marítimos e insulares correspondientes, por ser parte integrante del territorio nacional. La recuperación de dichos territorios y el ejercicio pleno de la soberanía, respetando el modo de vida de sus habitantes y conforme a los principios del Derecho Internacional, constituyen un objetivo permanente e irrenunciable del pueblo argentino.

Luego, explicó por qué había decidido iniciar sus comentarios con esa lectura:

> Nosotros en calidad institucional, como trabajadores del Museo y Federico como director, auspiciamos de anfitriones, y obviamente son bienvenidos, y queremos que vengan [...] pero desde un rol institucional, el Museo tiene postura institucional, y esa postura es la postura del Estado. Y este Museo no es un lugar neutro [...] Hubo un cambio de gobierno pero las consignas son las mismas.

La *performance* fue potente y agresiva: recordó "a los científicos" que llevaban horas reunidos intercambiando sus presentaciones el carácter irrenunciable de la cuestión "Malvinas". Al citar la Constitución Nacional como preludio a sus comentarios, colocó a la producción de los investigadores subordinada a esta y tácitamente construyó la idea de que la actividad de un científico argentino debe ser funcional al mandato de recuperación. Lo que el comentarista había hecho era construir la idea de que si las conclusiones de un investigador llevaban a pensar en una dirección diferente de la que señalaba la Carta Magna, quedaba simbólicamente fuera de la ley. Fijó una vara clara: "Este Museo parte de una presunción indeclinable de que las Malvinas son argentinas".

El terreno de la discusión estaba limitado con un alambre infranqueable. No se podía ir más allá hasta tanto no se completara el territorio amputado. Así como una década antes la sangre impedía miradas críticas sobre la guerra e impugnar los relatos heroicos era alejarse de la causa sagrada regada con sangre, proponer preguntas que pusieran en duda la legitimidad de ese sacrificio (siempre, desde el punto de vista de los oyentes) implicaba quedar fuera del pacto ciudadano encarnado en la Constitución. Puesto en términos de relato nacional, el pensamiento se subordinaba a definir qué es útil para la Argentina, qué no lo es. Llevándolo al extremo, quién es argentino y quién no.

Ambos incidentes, separados por una década muestran, en una primera lectura coyuntural, la fuerte apropiación del tema "Malvinas" por parte del kirchnerismo en dos momentos institucionalmente diferentes: como gobierno y en la oposición.

Más estructuralmente, emerge la solidez de la "causa nacional": las islas fueron, son y serán argentinas. En consecuencia, por el peso simbólico de ese *dictum*, la discusión histórica y política sobre la guerra y la posguerra queda por debajo de ese anhelo nacional que a la vez tiene rango constitucional. En 2007 los familiares de los muertos en la guerra les hablaron desde la legitimidad de la sangre a los funcionarios nacionales que tuvieron un gesto plural; en 2017, los investigadores vieron relativizada e impugnada su tarea por trabajadores del Estado nacional en un Museo diseñado para "malvinizar": transmitir de modo acrítico el repertorio básico del credo laico por el cual la tierra usurpada debe ser recuperada. El problema es que el quehacer de los investigadores, esencial a la transmisión del conocimiento y no sólo a su producción, puede ser altamente contradictorio con estos objetivos, que buscan generar pertenencias e identificaciones.

Para el nacionalismo ciego, la mirada de la ciencia es peligrosa, salvo que "refuerce" los argumentos propios. En una mirada condescendiente, el partidismo puede llevar al investigador a omitir datos "incómodos" simplemente porque no los ve. Pero también puede ser la negación consciente de una perspectiva de quien la desarrolla con criterios profesionales. En ambos casos, significa hacer mala ciencia.

Al final de muchos de los más frustrantes días de trabajo en el Museo, subía a la terraza, donde hay emplazadas unas enormes letras que forman la palabra "Malvinas". Sólo que, vistas desde la carpeta del techo del gigantesco edificio, para mí producían una poderosísima metáfora: no solo yo podía ver el tinglado que las sostenía, sino que forzosamente me obligaban a mirar desde Malvinas, metafóricamente, hacia el Continente. Mirar desde las islas hacia nosotros. Esa tarea, básica de toda actividad crítica y que favorezca la reapropiación de un tema, era precisamente lo que una postura dogmática impide hacer, considera innecesaria, ignora, o directamente, prohíbe. En tanto la soberanía argentina sobre las Islas Malvinas y su recuperación tienen rango constitucional, formalizan algo que ya existe de hecho: la sanción, en distintos grados y formas, al que piensa diferente. Se podrá decir que es una exageración, pero en agosto de 2021 un grupo de diputados del Frente de Todos (kirchnerismo) presentó un proyecto de ley para aplicar sanciones civiles y penales a los negadores y reivindicadores de la dictadura militar, los que menosprecien las medidas de salud pública por la pandemia o la pongan en riesgo con sus conductas, o desconozcan la soberanía argentina sobre las Malvinas.[75] Entre los autores del proyecto, figura un sindicalista docente, Hugo Yasky, el primero que debería haber defendido la libertad de pensamiento. Más allá de este detalle, queda claro en la propuesta que para algunos actores negar la soberanía argentina sobre las Malvinas se equipara con la reivindicación de los crímenes de lesa humanidad perpetrados por la dictadura.

75 "Diputados del FdT proponen sancionar conductas negacionistas en DDHH, Malvinas y pandemia". https://www.telam.com.ar/notas/202108/566170-el-oficialismo-propone-penalizar-conductas-negacionistas-de-la-soberania-de-malvinas.html

Ellos

La guerra de 1982 tuvo consecuencias que impactaron tanto en las negociaciones anteriores como en las proyecciones de futuro que los distintos actores involucrados se permitieron hacer sobre las islas. Mal que les pese a los argentinos hay isleños que reivindican ser una nación independiente encontraron un terreno propicio y al amparo de la situación de facto de la ocupación británica potenciada por la derrota en la guerra, imaginan un destino nacional:

> La guerra, sin duda, ha tenido un efecto sísmico sobre la naturaleza del conflicto. La pérdida de vidas y la construcción de potentes memorias nacionales en torno a la experiencia de cada uno de los países han aumentado la importancia de las consideraciones internas. Ahora sería imposible para cualquiera de los dos gobiernos obviar los sectores electorales fuertes y las obligaciones constitucionales que los obligan a defender sus reclamaciones en materia de soberanía. Además, al revigorizar el compromiso británico que menguaba, la guerra también permitió una reversión completa de las circunstancias estratégicas y económicas de las islas: una base militar dotada de la última tecnología, un sector pesquero dinámico y la renovada promesa de las reservas de petróleo encarnan la revitalización del proyecto colonial otrora moribundo.[76]

La idea puede resultar más chocante para algunos ya que en términos generales la sociedad argentina nunca se permitió abiertamente considerar la

76 Martín Abel González, *La génesis del enfrentamiento por las Islas Malvinas*, pág. 365.

posibilidad de que las islas *no sean* argentinas, o de *tener parcialmente razón*, aunque más no sea como un ejercicio retórico. Ni siquiera, salvo contadas excepciones, plantearse la idea de que hablar de "negociaciones" implica la posibilidad de "estar abiertos a ceder" en algún aspecto de la posición original. Es decir: los dirigentes y diplomáticos argentinos declaman una voluntad de diálogo que no se condice con la forma binaria en la que se entiende el problema. El caso Malvinas es un ejemplo más de la lógica del "todo o nada" enmascarado bajo el ropaje de la actitud dialoguista. Más aún, en muchas intervenciones públicas parecería ser que las Islas Malvinas estuvieran *vacías*, como si allí no hubiera gente, o, de existir habitantes, no tuvieran historia. Una variante del tercer milenio de la idea del "desierto patagónico" tan cara a los organizadores de la Argentina moderna del siglo XIX. Sin embargo, como puede constatar cualquiera que viaje al archipiélago (y como echó en falta Ernesto Picco en el Museo porteño sobre las islas), en Malvinas viven personas que piensan de otra manera, y en función de la situación *de facto* de la colonización viven en consecuencia y, lo que tiene más relevancia para este libro, cuentan la historia de otra manera. A su manera, desde su perspectiva. *Su* historia. ¿Vale la pena, al menos, saber qué piensan? ¿Saber cómo la cuentan? ¿Pensar, como mínimo, que muchos de ellos también vivieron la guerra y que son testigos de la peregrinación de decenas de argentinas y argentinos a los antiguos campos de batalla, al cementerio?

Cuando llegué a las islas por primera vez, en 2007, me sorprendió que los malvinenses hablaran de "la ocupación" para referirse a lo que para mí era (y es) "la guerra" de 1982. Sin embargo, los isleños la vivieron así; por eso también han dedicado un monumento a los caídos que "los liberaron". Después del desembarco durante los primeros días de abril de 1982, los argentinos distribuyeron unos volantes entre los isleños: una bandera celeste y blanca y bajo ella la frase "Usted tiene derecho a vivir en libertad". Pero, para la perplejidad de los uniformados, los isleños los rechazaron y resistieron pasiva o activamente la presencia argentina.[77] Durante los 74 días que duró el conflicto, los malvinenses sufrieron las peripecias de la guerra. Fueron requisados y en algunos casos confinados en algunos de los establecimientos desperdigados por las islas, porque los argentinos los consideraban potencialmente peligrosos. Otros realizaron actividades de inteligencia contra las fuerzas argentinos, colaboraron en el transporte de municiones para la artillería británica, entraron en combate contra los argentinos o murieron bajo el bombardeo inglés.

---

77 No deja de ser llamativo que una dictadura militar hablara de "derechos" y "libertad", pero mayores sinsentidos hemos conocido.

Desde la derrota de 1982, la corona británica ha encontrado un nuevo elemento para ignorar los reclamos argentinos: los derechos de los habitantes de Malvinas, el peligro de la autodeterminación, que según Martín Abel González orientó las acciones de la diplomacia argentina a finales de la década de 1960. El énfasis en el eje de los derechos humanos de los isleños ha desplazado la disputa por el territorio a una alegada defensa de los derechos de los *falklanders* a la autodeterminación (lo que no es reconocido por la Argentina, apoyada en resoluciones de la ONU). La discusión basada en los antecedentes históricos, debido a la modificación del statu quo por efectos de la guerra de 1982 y este nuevo enfoque, pasó a un segundo plano pero es precisamente la que retóricamente se refuerza por parte de Argentina. Para decirlo sencillamente, los británicos "corrieron la cancha". Ahora bien, ¿es posible la creación de una nueva nación en el Atlántico Sur? ¿Qué papel juegan los relatos históricos en esa tarea?

En el caso de Malvinas la historia es un componente fundamental, que para los isleños se ha desplazado de "justificar históricamente la soberanía de los estados" a contar su experiencia como habitantes de las islas para desde allí pensarse como una nueva nación. A partir de dos acontecimientos bélicos del siglo XX, la Primera Guerra Mundial (1914-1918) y la guerra de Malvinas (1982), que tuvieron a las islas y a sus aguas circundantes por escenario y a los isleños como protagonistas, están sentando las bases de un relato "nacional". En algunas publicaciones oficiales que el gobierno insular (Falkland Islands Government, no reconocido por el gobierno argentino) ha producido en ocasión a aniversarios redondos relativos a ambos momentos encontramos cómo los esfuerzos de los habitantes de Malvinas se han concentrado en la "invención"[78] de su nación a partir de dos enfrentamientos bélicos que los afectaron directamente.

En el caso de la gran batalla naval de 1914 los *falklanders* fueron testigos y participantes (algunos de ellos murieron de regreso de una misión de observación en espera de la flota alemana que días después sería destruida frente a las islas) y en el de 1982 como población "invadida" y "ocupada", luego liberada por las tropas de la Corona Británica. Inclusive con un precio de sangre, porque tres isleñas murieron como consecuencia del bombardeo inglés.

En los umbrales del tercer milenio, esos hitos resultan fundamentales desde la lógica de la "autodeterminación", incluso más que los antecedentes de los siglos XVIII y XIX, para la consolidación de ese nuevo relato "nacional".

78 Tomo el concepto desarrollado por Benedict Anderson en *Comunidades imaginadas.*

Según el Oxford English Dictionary, el gentilicio "kelper" para referirse a los habitantes de las Malvinas está registrado en imprenta en 1960. La misma entrada señala que una publicación de 1962 se ocupaba de aclarar que era el apelativo que los malvinenses habían elegido para referirse a sí mismos.[79] Esto no quiere decir que su utilización no fuera anterior. Pero muestra que la presencia "pública" de los malvinenses en el mundo angloparlante es tardía, si pensamos que el asentamiento británico en Malvinas (Port Stanley) databa de mediados del siglo XIX. La aparición en la gráfica está directamente relacionada con el proceso de descolonización posterior a la Segunda Guerra Mundial y se debe a los grandes avances diplomáticos argentinos de las primeras dos décadas de la posguerra.

En esa época en la Argentina la idea de una "nación kelper" no llegaba a ser ni una distopía. La principal preocupación de los intelectuales malvineros era el hecho de que el conocimiento general de la población argentina sobre un tema clave de la política exterior era superficial. Como vimos, el tercer tomo de la *Historia completa de las Malvinas* incluía las opiniones de políticos y en ninguno de esos testimonios aparece la eventualidad de una tercera nación en la disputa. Recordemos que Federico Mirré destacaba que "la posibilidad de que las Malvinas sean Estado autónomo no es considerada seriamente por nadie en las islas Malvinas [...] Poquísimos ingleses y muchos nativos que sin renegar del sistema colonial vigente se preguntan o cavilan sobre lo que ocurriría si las islas pasaran a ser administradas efectivamente por la República Argentina".[80]

Pero las cosas han cambiado desde 1966. Cuarenta y cinco años más tarde, en 2006, Rodolfo Terragno presentaba un panorama completamente diferente. En *Historia y futuro de las Malvinas*[81], una concienzuda y muy interesante síntesis prospectiva de la historia de la disputa, Terragno alertaba sobre un horizonte impensado antes de la guerra. En la introducción a su libro, "Para entender lo que sigue", afirma que "desde la sanción de la British Nationality (Falkland islands) Act en 1983, no hay diferencia entre haber nacido en Liverpool o en Port Stanley [...] Así, sin quererlo, el derecho británico destruyó el último argumento del Reino Unido para justificar la posesión de las islas [...] El conflicto de soberanía no podía ser laudado por ciudadanos de uno de los estados en pugna" (pág. XI).[82] Pese a eso, el

---

79 Oxford English Dictionary: http://www.oed.com/view/Entry/102847?result=2&rskey=TJyvNr&, fecha de consulta 5 de mayo de 2020.

80 Muñoz Azpiri, *Historia completa de las Malvinas*, Tomo III, pág. 313.

81 Rodolfo Terragno, *Historia y futuro de las Malvinas*, Buenos Aires, Librería Histórica, 2006.

82 Rodolfo Terragno, *Historia y futuro de las Malvinas*, pág, XI.

libro alerta sobre el futuro indeseable que podría devenir si la Argentina no actuara a tiempo. Para Terragno,

> La "independencia" de las *Falkland Islands* está en marcha [...] Pasada la guerra de 1982, las autoridades británicas decidieron mantener, por tiempo indefinido, las islas como un territorio dependiente; pero comenzaron a ejecutar un plan de contingencia, cuyo objeto es bloquear todo reclamo argentino.
>
> Ese plan de contingencia se vincula a la Resolución 1541, que, en 1960, sancionó la Asamblea general de la Organización de las naciones Unidas (ONU). Según la norma, aquellos "pueblos" que aún no han logrado el gobierno propio, "pueden alcanzar ese objetivo" a través de alguna de estas tres formas de organización política:
>
> Independencia
>
> Libre asociación con un estado independiente
>
> Integración con un estado independiente
>
> Las Falklands podrían adoptar cualquiera de estas tres formas, con el Reino Unido reteniendo las Relaciones Exteriores y la defensa de las islas (pág. XII).

Según el autor, esa fue la línea del gobierno británico desde 1982, a la que ya consideraba exitosa cuando publicó su libro, en 2006: la Corona se concentraba en garantizar la autosuficiencia económica de las islas, insertarla en el orden económico mundial, formando así una red de intereses internacionales, y dotarlas de instituciones que formen un embrión de Estado.

Si esa es la estructura de un futuro estado, detengámonos en su superestructura simbólica. Qué relatos acerca del pasado reforzarían esa obra. Desde el final de la guerra de Malvinas, las autoridades isleñas han desplegado notables esfuerzos para darle cohesión histórica a un relato "nacional" local. En un libro editado en 2013, *Nuestras Islas, Nuestra Historia*, leemos:

> ¿Qué son las islas Falkland? ¿Quiénes son los Falkland islanders (isleños) y qué significa ser ciudadano de nuestro país? Estas son preguntas que les hacen frecuentemente a los isleños pero para las que no hay respuestas rápidas.
>
> Nuestra historia ayuda a explicar lo que significa ser un isleño. Es una historia bastante corta. El asentamiento es bastante reciente: comenzó en el siglo XVIII y solamente ha sido continuo desde principios del siglo XIX.
>
> No tenemos monumentos históricos o mitología romántica para definir nuestra identidad como isleños. Otras personas han inventado sus propios mitos con nuestra historia y esto explica por qué hay tantos conceptos errados sobre quiénes somos y sobre nuestro derecho a llamar a las Falklands nuestro hogar.

> Desarrollo de una identidad cultura única de nosotros, pero siempre manteniendo una afinidad cercana con gran Bretaña. Esta cercanía con gran Bretaña y la lealtad a la Corona se mantienen hoy en día; quizá algo no considerado muy de moda por el resto del mundo moderno, pero es un elemento real de nuestra identidad nacional.
>
> Existen familias que pueden declarar con orgullo tener hasta nueve generaciones nacidas en estas islas y somos un pueblo claramente único por derecho propio, orgullosos de ser "kelpers", el sobrenombre que nuestros ancestros adoptaron hace generaciones.[83]

El texto destaca la presencia en el territorio en disputa y reivindica una identidad particular, a la vez que reafirma la lealtad a la corona británica. Las dos guerras mundiales, pero sobre todo la Primera fueron momentos en los que los isleños probaron dicho lazo. El mismo folleto señala un momento crítico previo a la guerra de 1982: las décadas de 1960 y 1970: el "gobierno británico que debería haberlos protegido, parecía verlos simplemente como un problema que resolver y a la vez no estaba dispuesto a invertir una cantidad de dinero considerable para hacerlos más autosuficientes".[84]

Pero el momento de prueba decisivo para la mirada isleña fue 1982. En otro material de difusión, *Nuestras islas. 35 años de progresos*,[85] las autoridades malvinenses instalan el hito simbólico de la guerra como un antes y un después:

> Durante las últimas tres décadas y media, las islas Falkland y sus habitantes han experimentado cambios drásticos. La guerra de 74 días que causó estragos en 1982 (y le costó la vida a tres civiles locales, 255 británicos y 649 argentinos), le dejó a la comunidad de las islas una labor de reconstrucción enorme. Sin embargo, de la destrucción de la guerra, las Falkland se han recuperado increíblemente rápido y han pasado a ser un país optimista, progresista y próspero.

Al igual que en el relato histórico argentino, la tierra y la sangre desempeñan un papel central para reclamar la soberanía sobre un territorio. La novedad conceptual con respecto a los años previos a 1982 es que la guerra y el sacrificio en ella son lo que permite a los isleños, desde 1983, avanzar en un relato identitario nacional, en un proceso semejante el de otras antiguas colonias británicas, como Canadá y Australia, que consolidaron una auto

83 Falkland Islands Government, *Nuestras Islas, Nuestra Historia*, Port Stanley, 2013.

84 Falkland Islands Government, *Nuestras Islas, Nuestra Historia*, Port Stanley, 2013.

85 Falkland Islands Government, *Nuestras islas. 35 años de progresos*, Port Stanley, 2017.

percepción independiente a partir de su actuación en las dos conflagraciones mundiales y el precio de sangre pagado en ellas.

En el memorial erigido en las islas por el centenario de la batalla naval de Malvinas, en 2014, una placa recuerda el combate protagonizado por la Royal Navy, pero dedica el último párrafo a destacar que "el 1 de diciembre de 1914, durante los preparativos para la defensa de Stanley, ocho integrantes de los Voluntarios de las Falkland Islands se ahogaron de regreso de cumplir servicio en un puesto de observación en las afueras de la ciudad".

La avenida costanera de Port Stanley materializa ambos hitos en la "historia nacional" isleña en sendos monumentos: al combate naval de 1914 y a los libertadores de 1982. Ambos episodios militares son pruebas del poderío de la potencia ocupante, pero no anulan la pregunta acerca de las respuestas no solo diplomáticas (que no es tema de este libro) sino analíticas que los argentinos podemos hacernos al respecto: qué es lo que hace que las personas vivan como propio un lugar, se sientan como parte de él, lo consideren su patria.

Historia(s) nacional(es)

Tantos años después de las cartas de Lasserre a José Hernández, de las crónicas de Moreno, aún de la guerra de 1982, ¿qué Malvinas imaginamos los argentinos?

En 1973, los espectadores de la película "Argentinísima II" (Héctor Olivera y Fernando Ayala, 1973) pudieron ver algunas escenas filmadas en las Islas Malvinas. Una voz en off explica que las islas parecen "presas de un mundo extraño, no tienen libertad" y que son tierras criollas. A continuación, el guitarrista Carlos Di Fulvio ejecuta una plañidera "Variaciones sobre una vidalita" y la película fuerza un encuentro entre un ritmo continental con los paisajes isleños de fondo. En ocasiones, hay un grupo de malvinenses que rodean a Di Fulvio, sin emitir palabra, mientras escuchan un ritmo argentino tocado en las islas. Los vemos a bordo de un barco, en el interior de una casa isleña, mientras el guitarrista despliega sus habilidades. Rostros curtidos de marinos y ovejeros, caras curiosas de niñas y niños, mujeres sonrientes. Una sucesión de rostros de malvinenses al ritmo de la vidala.[86] Una metáfora de la forma en la que el pensamiento argentino incluye las islas en las representaciones de lo que es el país.

¿Qué islas imaginan los argentinos al escuchar la palabra "Malvinas"? Más aún, ¿en qué espacio, en qué historia las sitúan? Cuando se produjo el desembarco del 2 de abril de 1982, algunos de ellos pensaron que la recuperación del archipiélago era una oportunidad para volver a empezar, salir de una situación de agobio y estancamiento económico. Escribieron al Mi-

86 https://www.youtube.com/watch?v=TSQ2JTrsTrA

nisterio del Interior ofreciéndose como voluntarios para ir a vivir a las islas, lo que nos devuelve una pintura de cómo se representaban a las Malvinas, qué islas había en su imaginación, qué habían aprendido en las escuelas. [87]

El 5 de abril, a pocos días del desembarco argentino, una mujer, ama de casa, integrante de una familia de Monte Grande, provincia de Buenos Aires, envió una carta al ministro del Interior:

> Quisiera comunicarle y pedirle nos anote en la posible lista de familias que deben radicarse en nuestras Islas Malvinas, esta determinación está bien pensada, no es llevada por la euforia del momento. Nosotros teníamos pensado nuestro futuro en la Patagonia, pero las Malvinas creo que esperan ciudadanos argentinos y nosotros nos ofrecemos, somos una familia de seis miembros [...] Lo que realmente queremos es si fuera posible instalarnos en nuestra tierra, con muchas otras familias, que creo están dispuestas a que realmente las Malvinas sean y parezcan Argentinas.
>
> Teniendo en cuenta todo, el gran cambio de clima, el dejar el trabajo de mi esposo, cambiar la escuela de los chicos, vender la casa y todo lo que no podamos llevar, pero acentuando, si es que tiene peso el volumen de una familia, nuestro derecho de argentinos de habitar y hacer respetar nuestra soberanía en las esperadas islas, reitero que seis no somos muchos pero estoy segura que pronto se van a sumar muchos más, sabemos que nuestros soldados están allí, también que sangre argentina regó su suelo, nosotros pretendemos que ese suelo continúe con el nombre que tiene por los siglos de los siglos.
>
> Se que hasta hoy los recursos agrícola ganaderos de las Malvinas no son muy generosos, pero también se que el único producto es la lana, seguramente con nuevas técnicas y muchas ganas se puede conseguir algo más que lanas, como le dije anteriormente era la Patagonia nuestra ambición futura, para ello nos preparamos, yo hice un curso de agrícola ganadero y pusimos en práctica la cría de algunos animales para probar formas y resultados.

Para esta señora ilusionada las Malvinas debían "ser y parecer argentinas" para lo cual debían ser pobladas por personas de esa nacionalidad. La autora de la carta descontaba que el Estado impulsaría una política semejante. Desconocía, por supuesto, que el objetivo inicial del desembarco era dar un golpe de mano que forzara a gran Bretaña a negociar. En las palabras de esta mujer que fija en el Sur argentino "su ambición futura" vemos el

87 Ver el trabajo completo en Federico Lorenz, "Veinte mil argentinos en un barco. Cartas de voluntarios para poblar las islas recuperadas, abril de 1982", en *Corpus. Archivos virtuales de la alteridad americana,* Vol. 4, N°1, 1er. semestre 2014. Todas las citas que siguen pertenecen a este texto hasta nueva indicación.

eco de las políticas estatales de ocupación de esos territorios. En particular, aparece la imagen de la Patagonia como frontera del estado-nación, como un espacio vacío que debe ser ocupado y poblado por argentinos. Las islas recuperadas serían el lugar donde esa familia podría realizarse materialmente, se había preparado para eso, en una traducción individual de un repertorio nacional acerca de la región.

Con una imaginación digna De Julio Verne, un ciudadano proponía un plan de poblamiento que era además una auténtica acción de propaganda. En su carta, incluyó un proyecto para el "Traslado de un contingente de 20.000 civiles como mínimo a las Islas Malvinas, en un plazo de 10 días (voluntarios)". Se trataba de marcar la presencia nacional en las islas recién recuperadas. Como un dato de color, vemos que llama a Port Stanley como Puerto Rivero, el nombre que por su cuenta le había impuesto el diario *Crónica* en 1982:

> 1. Transporte inmediato a Puerto Rivero de la mayor cantidad posible de voluntarios (no menos de 20.000) por vía aérea y marítima, utilizando todos los medios de transporte públicos y privados.
>
> 2. Esta iniciativa debe surgir del sector civil de la población, y contar luego con la colaboración, apoyo y organización de las Fuerzas Armadas y Gobierno. Para este fin deberán proporcionarse a la civilidad todos los medios de información de inmediato. No deben canalizarse a través de partidos políticos ni sindicatos.
>
> 3. La invitación a los voluntarios se hará con carácter general a ambos sexos, limitada únicamente por edad y salud y haciéndola extensiva a personalidades aptas a soportar el esfuerzo y el riesgo de la empresa, del mundo científico, intelectual, artístico, deportivo y a figuras conocidas mundialmente. Es fundamental la participación de la iglesia [...]
>
> 5. La mayor dificultad consistirá en proporcionar vivienda a esa cantidad de personas, lo que puede ser solucionado con material del Ejército. La alimentación, en principio podrá ser llevada y mantenida en buques frigoríficos y completarse con la faena de lanares y vacunos de las Islas, si la estadía se prolongara más de lo previsto (dos o tres semanas) y hubiera dificultad en enviar aprovisionamientos. Un buque hospital se hace indispensable [...]
>
> 8. LA PRESENCIA DE GRAN NUMERO DE CIVILES EN LAS MALVINAS DEMOSTRARA AL MUNDO QUE SU RECUPERACIÓN HA SIDO EL ANHELO DE TODO EL PUEBLO ARGENTINO, Y LLEVARÁ A LA REFLEXIÓN A LAS FUERZAS BRITANICAS QUE LLEGARAN CON FINES BELICOS A NUESTRAS PLAYAS.[88]

---

88 Mayúsculas en el original.

En un rápido repaso de las cartas vemos que para los autores lo que falta en las islas son argentinos, y que estos deben radicarse allí de la mano del estado para reforzar que las islas son argentinas. Expresan la satisfacción por la acción de recuperación y al mismo tiempo muestran una aproximación tan apasionada como ingenua a la idea de soberanía sobre el archipiélago. Desde desconocimiento geográfico, hasta la idea de que bastaba con trasladar pobladores de esa nacionalidad para mostrar la legitimidad de los títulos argentinos sobre las islas. El "anhelo" nacional que demostrarían los veinte mil argentinos enviados allí quedaría demostrado, tanto como la vigencia de ciertas representaciones sobre el país acuñadas con la organización que mantenían plena vigencia.

Las cartas muestran que, en 1982, como hoy, las islas Malvinas siguen siendo, como en el siglo XIX, un territorio patagónico reclamado desde Buenos Aires, con mentalidad porteña y con una representación centralista del país. El peso de la ciudad-puerto en la conformación de la nación argentina aún es dominante en las imaginaciones de la Argentina y tiñe las políticas de este tercer milenio. Argentina, configurada como un país agroexportador desde el siglo XVI, consolidado como tal a finales del siglo XIX, debe imaginarse de otra manera. No solo por una elemental cuestión de actualización analítica, sino también para que aquellos encargados de imaginar las diferentes políticas públicas vean a la Argentina de una forma diferente, tanto en cuanto a su lugar en el Atlántico como en relación con la Antártida. En ese lugar, en ese cambio cultural, la forma de "pensar Malvinas" también debería sería diferente.

Hay múltiples ejemplos de este condicionante cultural histórico. La iniciativa estratégica *Pampa Azul* es un plan que vincula distintas áreas estatales en la revalorización y conocimiento del espacio marítimo argentino. Pero su nombre revela que el pensamiento estratégico argentino aún no sale de viejas matrices: ve el mar en clave agroexportadora. El océano como pampa. Una extensión de los fértiles campos que transformaron a la Argentina en el "granero del mundo" a comienzos del siglo XX. Por eso las islas Malvinas son un fragmento de tierra robado y no un archipiélago. Al comienzo de este ensayo, rememoré el ejemplo de un pizarrón plantado en las tierras en reemplazo de las más dilemática tapa con el Cubo de Rubik; ahora, una reciente obra sobre la iniciativa *Pampa Azul* tiene como portada tractores arando el mar.[89]

89 Pablo Esteban, *El campo azul. Un viaje por la geopolítica del mar Argentino*, Buenos Aires, Capital intelectual, 2021.

La mirada crítica sobre la profundidad limitante de estas marcas culturales es de gran importancia, porque condicionan el recurrente uso de herramientas intelectuales inadecuadas para pensar el problema. Imaginemos entrenar apasionadamente y con dedicación para un deporte y salir a la cancha el día del juego de nuestras vidas, y encontrar que el partido que debíamos jugar era otro. En el repertorio cultural argentino, el "músculo marítimo" está atrofiado. Veamos lo que apunta Juan Bautista Duizeide, marino, escritor y crítico literario, para entender la profundidad de esta ausencia:

> ¿Cómo se presenta el mar en la memoria de la Argentina? Una primera indagación devela un par de figuras predominantes: las vacaciones y la guerra. Más allá de sus signos opuestos, ambas participan de un orden análogo: el de la alteridad, la ajenidad, la suspensión de lo cotidiano.[90]

Esa "suspensión de lo cotidiano" implica la imposibilidad de imaginar un proyecto de sociedad, que incluya actividades y experiencias asociadas al mar. Pero a la vez, en el guión nacionalista territorial es, sencillamente, negar la existencia no solo de la tierra que reclaman, las Malvinas, sino literalmente, del litoral patagónico:

> La costa patagónica, el litoral marítimo más extenso de la Argentina, suele no ser tenida en cuenta, al menos en primera instancia, cuando se nombra el mar. Patagonia connota lagos, montañas, nieve. Sólo en una segunda escucha resuenan el Golfo Nuevo, Puerto Madryn y Puerto Pirámides, a causa de las excursiones para ver a las ballenas; y con un alcance aún más restringido, para quienes practican buceo.
>
> Evidencias ingratas se acumulan a medida que siguen hacia el sur. Las conclusiones son tan innegables como adversas. Argentina carece de flota mercante propia: dos decretos de necesidad y urgencia la hundieron allá por los brillosos '90. Sus puertos casi no son puertos, su Armada no tiene cómo proteger eso que en la cartografía aún se denomina Mar Argentino, su Prefectura actúa como si estuviera creada para complicar la navegación.[91]

A diferencia de lo que sucede con otros espacios de una riquísima literatura, la mutilación territorial también es cultural. No se trata de que no haya argentinos que hayan escrito sobre el mar, sino que no son una tradición literaria:

---

90 Juan Bautista Duizeide, "Escrito sobre el agua", en María Pía López, *Desierto y nación 1. Lenguas*, Buenos Aires, Caterva Editorial, 2017, pág. 73.

91 Juan Bautista Duizeide, pág. 71.

> Hay un corpus en la literatura argentina relacionado con el mar. Sin embargo, no se ha constituido un subgénero. Se trata de títulos dispersos que suelen no dialogar entre sí, de autores que por lo general no se han leído unos a otros. Lejos de lo que sucede en la literatura escrita en inglés: Melville ha leído a Dana, Conrad ha leído (y criticado) a Melville, London ha leído a Slocum que ha leído a Stevenson que también ha leído a Melville.[92]

La ausencia del mar en las imaginaciones de país aparece por la negativa, ante la constatación y explicación de las formas en las que la Argentina sí fue pensada –y actuada– como nación. Tulio Halperín Donghi, por ejemplo, señala que fueron precisamente los críticos del modelo liberal implementado en la Argentina los que definieron claramente de qué manera ese país sería materializado:

> Fueron quienes adoptaron el punto de vista revisionista los que primero llamaron la atención sobre el hecho, sin embargo obvio, de que esa definición de un proyecto para una Argentina futura se daba en un contexto ideológico marcado por la crisis del liberalismo que sigue a 1848, y en uno internacional caracterizado por una expansión del centro capitalista hacia la periferia, que los definidores de ese proyecto se proponían a la vez acelerar y utilizar.[93]

Si tenemos en cuenta esta idea es posible "entender mejor el sentido de esa ambiciosa tentativa de trazar un plano para un país y luego edificarlo".[94] Ahora bien, en ese trazado, el límite probablemente estaba dado no solo por la matriz productiva adoptada –y la especialización económica resultante sino también por el peso del pasado. Podemos profundizar esta idea con David Viñas:

> No Potosí, no minería para la Argentina; sino tierras y más tierras para su *destino agropecuario*. Diría, virreinal.[95]

La cita de Viñas, con su contundencia, invita a pensar la ocupación del actual espacio territorial argentino y el proyecto de su dirigencia, en el largo plazo, como la prolongación de la ocupación europea:

---

92 Juan Bautista Duizeide, "Escrito sobre el agua", pág. 132.

93 Tulio Halperín Donghi, *Una nación para el desierto argentino*, Buenos Aires, CEAL, 1995 (Biblioteca Ayacucho, 1980), pág. 9.

94 Tulio Halperín Donghi, *Una nación para el desierto argentino*, pág. 9.

95 David Viñas, *Indios, ejército y frontera*, pág. 58.

> Hispanoamérica es hija de la Europa conquistadora y no tiene afinidad alguna con las víctimas de esa conquista (aunque ello no le impida condenar el hecho colonial, a partir de principios compartidos ya por las mentes más esclarecidas de los países colonizadores).[96]

Este análisis sobre la expansión colonial aparece en otros trabajos en los cuales la mirada procesual pone en un segundo plano la perspectiva estatal-nacional, para prestar atención a la expansión del modelo capitalista. Tanto como enriquecedora, esta mirada tiene el problema de que relativiza los reclamos territoriales (entre ellos el de Malvinas) ya que en definitiva las nuevas dirigencias prologan la obra de las sociedades "suplantadoras":

> Los grupos dominantes de los respectivos estados independientes se convirtieron, en cierto sentido, en una sociedad suplantadora en las regiones más periféricas de las nuevas naciones, menos imbuidas de la nueva identidad nacional.[97]

Los sucesivos gobiernos argentinos que reclamaron las Malvinas, según estas ideas, replicaron la lógica de la potencia cuyas acciones coloniales impugnaron. Reprodujeron, la mirada colonial sobre el territorio, al disputar en clave estatal nacional el espacio y, sobre todo, al fijar un canon para pensar las cuestiones nacionales. Al inventar e imponer un "argentinómetro" que mide cuán cerca o lejos estamos de la pureza de acuerdo con cómo planteemos el problema de las islas, establecieron un canon para medir la pertenencia o no a la comunidad nacional.

Como señala Susana Bandieri en las páginas iniciales de su *Historia de la Patagonia*, la comprensión de la historia regional obliga a derribar una serie de límites conceptuales. Entre ellos, precisamente, el de pensar la historia en clave estatal-nacional. La pregunta es si lo hemos hecho en el caso Malvinas. Para Bandieri esta mirada limitada sobre el pasado es contraproducente para el análisis histórico porque desconoce, precisamente, cuestiones básicas como las formas que adoptó el poblamiento regional, las dinámicas sociales, culturales y productivas. Una mirada rígida o muy atada a las limitaciones de la historia política, por ejemplo, fuerza el objeto en el método o el recorte elegido (lo que, dicho sea de paso, es algo que sucede con bastante frecuencia en las Ciencias Sociales):

---

96 David Viñas, *Indios, ejército y frontera*, Buenos Aires, Santiago Arcos Editor, 2013, pág. 118.

97 David Day, *Conquista*, Barcelona, Crítica, pág. 67.

> La cuestión se agrava en el caso patagónico por cuanto las provincias surgidas de la anterior división administrativa de territorios nacionales no tiene límites que respondan a criterio alguno de funcionamiento económico y cultural de las sociedades involucradas. Ellos fueron fijados por una ley nacional dictada en la segunda mitad del siglo XIX a partir de accidentes geográficos y trazos convencionales, como paralelos y meridianos, escasamente reconocidos por entonces en el terreno. Estos límites, de hecho, de poco sirven a la hora de intentar explicar el funcionamiento de lo social y de la infinidad de relaciones que los superan.[98]

Para estudiar la historia de la Patagonia y el Atlántico, las fronteras estatal-nacionales son una limitación. En una mirada simplificadora, parecería que si escribimos historia argentina no hacemos historia patagónica, y viceversa. Pero eso es solo si lo pensamos desde un paradigma tradicional, que enfatice la historia política. En realidad, lo que aparece como evidente es que el énfasis en las fronteras nacionales es una manera más de acercarse a una región, pero no la única, y ni siquiera aquella que garantice dar cuenta de los procesos históricos en su mayor complejidad.

Incluso investigadores que proponen una mirada amplia caen en esa trampa. Al referirse específicamente a este tema, Bandieri, que propone ir más allá de las fronteras en su aproximación, considera el reclamo argentino como "justo" y califica la recuperación como una tarea pendiente.[99]

La representación de los espacios australes como territorios bajo la soberanía de un Estado nacional a espaldas de lo que sucedía en ellos se pareció, sobre todo en los orígenes, a un acto de voluntarismo:

> En rigor, ni Chile ni la Argentina concebían la Patagonia como algo extranjero sino que, por el contrario, se esforzaban por presentarla como parte de sus propios territorios. Sin embargo, no alcanzaba a ser gobernada como el resto de los respectivos territorios, ni ser administrada como las otras provincias, ni a ser relevada como otras partes de la geografía nacional. Sus pobladores, su extensión, su lejanía respecto de los centros de gestión del poder y la desarticulación de burocracias nacionales incipientes mantuvieron ciertos rasgos de extranjeridad que a menudo buscaron ser maquillados bajo mapas y topónimos que la hacían parecer "más cerca".[100]

98 Susana Bandieri, *Historia de la Patagonia*, Buenos Aires, Sudamericana, 2005, pág. 13.
99 Susana Bandieri, *Historia de la Patagonia*, pág. 365.
100 Carla Lois, *Terrae Incognitae. Modos de pensar y mapear geografías desconocidas*, Buenos Aires, EUDEBA, 2019, pág. 140.

El punto es, si como vimos en las cartas que abren este capítulo, ese acto de voluntad perpetúa una mirada y un posicionamiento político en torno a un territorio. Porque de ser ese el caso, los procesos históricos transcurren por unos carriles y los deseos de los actores por el otro. Las Malvinas, entonces, tienen tanto de sentimiento como de malentendido, en tanto no las comprendemos como parte de una región específica con dinámicas históricas propias, en gran medida ajenas al proceso de consolidación del estado nacional argentino. De allí, por un lado, que el pensamiento pampeano, porteño céntrico, traduce el reclamo a lo que conoce; de allí que la historia de la usurpación no cierre conceptualmente hasta que no la protagonice un gaucho (la ausencia de marinos, por lo menos en el relato argentino, asociados a la historia de Malvinas se explica tanto históricamente como culturalmente), de allí que imaginemos al mar como una extensión de la pampa, que a lo sumo se traslada la lógica extractiva para pensarlo, antes que en un espacio geográfico, mar y costa, con lógicas y dinámicas propias.

El papel asumido por la Argentina como exportadora de materias primas llevó a que generaciones de argentinos leyeran la disputa por las Malvinas como un problema de soberanía pero con las herramientas conceptuales de las élites dirigentes, que no carecieron de un proyecto marítimo austral (avances del Estado argentino sobre la Patagonia, establecimiento de una base permanente en las Islas Orcadas en 1904, establecimiento de la Compañía Argentina en las Islas Georgias y, más entrado el siglo XX, desarrollo de una marina mercante, por ejemplo) pero sí hicieron que prevaleciera la matriz agrícola ganadera y su repertorio conceptual y simbólico derivado. La tierra era, sobre todo, productora de grano, carnes o lana.

De ese modo, al enfatizar en la usurpación de las Malvinas, en el robo de la tierra, el héroe de la lucha anti imperialista en un archipiélago fue un gaucho y no un marinero. El gaucho como síntesis de la argentinidad encontró, a través de la obra de Leguizamón Pondal y quienes lo siguieron, su propio capítulo épico. Más banalmente, Vernet implantó en Malvinas una práctica económica rioplatense para abastecer, entre otros, a los barcos que recorrían la región y a los esclavos de las plantaciones. Por otro lado, el grueso de la mano de obra de los barcos durante todo el siglo XIX y buena parte del XX eran británicos o estadounidenses, como tuvo ocasión de constatar amargamente José María Pinedo cuando sus oficiales se negaron a enfrentar a la *Clío*: maniobrarían la *Sarandí*, la nave porteña, pero combatirían contra su país. Es muy probable que un marinero que hubiera enfrentado a los *marines* habría gritado en inglés.

Pensamos las islas usurpadas con la mentalidad del colonizador europeo. Para volver al espacio del pensamiento histórico, el problema es delicado. Según José Carlos Chiaramonte,

> ...la necesidad de "poner" la nación al comienzo es fuerte en parte de los constitucionalistas que unen así el recurso convencional, propio del régimen representativo liberal, de imputar la soberanía a un sujeto de derecho político denominado nación, con un supuesto histórico insostenible.[101]

Ese supuesto histórico insostenible es el de una aproximación al pasado funcional al derecho y a la política, pero no necesariamente fiel a la Historia, entendida como el estudio del hombre situado en tiempo y espacio. En ese sentido, "Malvinas" es probablemente el mito de unidad nacional más poderoso de la cultura política argentina. Inclusive, que el de la propia nación, ya que la nacionalidad de las islas está colocada, de manera retórica, por encima de las divisiones internas. "Malvinas" parece estar por encima de la patria; más aún, recuperar las islas es, para algunos, sinónimo de lograra la unidad o superar la diferencias. Es muy difícil ir contra eso y es difícil, también, encarnar la derrota de esa posibilidad, como bien saben muchos veteranos de guerra. Semejante idealización es una vara muy alta para pensar creativamente el tema.

Si recapitulamos, para volver a las primeras páginas de este texto, el derecho puede narrar una Historia, la política otra, pero lo cierto es que ni el espacio ni los hombres se mueven atados por estos condicionantes, que son propios de quienes estudian el pasado. Despojarse de ellos también es hacer mejor historia, aunque esto implique abandonar algunos supuestos. No es una tarea fácil, pero está en la raíz del trabajo historiográfico y por eso no podemos renunciar a ella, aunque sí es necesario saber de las limitaciones que implica el lugar de enunciación en el que nos colocamos. El historiador:

> ... a la corta, es impotente contra quienes optan por creer los mitos históricos, en especial si se trata de gente que tiene poder político, lo cual, en muchos países, y especialmente en los numerosos estados nuevos, entraña el control de lo que sigue siendo el cauce más importante para impartir información histórica: las escuelas. Y, que no se olvide jamás, la historia –principalmente la historia nacional– ocupa un lugar importante en todos los sistemas conocidos de educación pública.[102]

---

101 José Carlos Chiaramonte, *Usos políticos de la historia. Lenguaje de clases y revisionismo histórico*, Buenos Aires, Sudamericana, 2013, pág. 288.

102 Eric Hobsbawm, "La Historia de la identidad no es suficiente", en *Sobre la Historia*, pág. 274.

Afortunadamente, desde hace unos años, nuevas miradas transnacionales y regionales renuevan las preguntas de la Historia.[103] Estas preguntas favorecieron tanto una importante renovación conceptual como la revalorización de las particularidades locales y regionales, que en el mismo movimiento se insertaron en espacios y procesos históricos más amplios. Así, la historia oceánica (sobre todo la llamada "historia atlántica") analiza los mares y sus costas como un espacio de articulación de relaciones sociales, de circulación de personas y la incidencia de estos procesos en el ambiente. Al respecto, la historia ambiental experimenta un desarrollo notable y se ha transformado en un espacio de encuentro privilegiado para las miradas interdisciplinarias. Esto ofrece un abordaje original que construya una visión histórica del Atlántico (en particular en las relaciones Tierra del Fuego-Islas Malvinas) que inserte la región en procesos de larga duración que permitan comprender la retroalimentación entre los procesos históricos de la acción humana y los ambientes sobre los que se desarrollaron.

Imaginada la aproximación a las islas como círculos concéntricos, en primer lugar se trata de analizar el desarrollo de las rutas marítimas globales desde la expansión ultramarina europea que incluyen el Atlántico Sur, el litoral patagónico, Malvinas y Tierra del Fuego con el fin de resituar la historia regional en contextos globales.

Hecho esto, analizar los procesos históricos regionales de ocupación del espacio y la interacción a escala regional, tomando por eje la expansión capitalista mundial y las formas en las que la región se insertó en la misma. Así, se distinguen a priori distintos momentos en los cuales la expansión occidental austral se organizó en base a la explotación de recursos y cuya cronología de explotación y expansión debe precisar a distintas escalas: la caza de focas y lobos marinos, la cría extensiva de ovejas y –como una forma de proyectar la mirada a las regiones más australes, la industria ballenera. Subsidiariamente, el desarrollo de las redes comerciales y de personas permitirá prestar atención al desarrollo de emprendimientos de tipo capitalista-financiero en la región, que fueron claves en términos de la inserción de la región en el mundo, en forma complementaria, pero no de manera excluyente, en el marco de la conformación de los estados nacionales sudamericanos desde mediados del siglo XIX. Queda claro que estos procesos en muchos casos fueron preexistentes a las estructuras estatal–nacionales y prosiguieron su desarrollo bajo estas (condicionándolas).

---

103 Retomo aquí conceptos trabajados en Federico Lorenz, "Apuntes para una agenda de investigaciones para Malvinas y el Atlántico Sur", en *Fuegia. Revista de Estudios Sociales y del Territorio*, Volumen IV - Número 1, Ushuaia, UNTDF, 2021.

El eje de esta mirada pasa por preguntas por el ambiente (espacios y especies que atrajeron a los humanos), como una manera de revalorizar la historia regional y de impulsar la elaboración de preguntas de investigación y temas nacidos de esta y no a la inversa, es decir, impuestos por el cepo de los preconceptos de la causa nacional. Llevaría, por caso, a prestar atención y revalorizar el papel que jugaron otros puertos y enclaves sudamericanos en la historia regional austral argentina asociada a las Malvinas (Punta Arenas, Carmen de Patagones, Montevideo). Y requeriría de un importante trabajo multidisciplinario que fuera algo más que la suma de las partes de cada disciplina como quien arrima astillas a un fogón preexistente (para mantener la llama de la soberanía, por ejemplo), sino la conformación de una mirada holística sobre el tema.

Dos trabajos de reciente producción son alentadores al respecto. El análisis de Joaquín Bascopé se enfoca en la historia de la Tierra del Fuego, pero se abre a enfoques plurinacionales que enlazan esa isla con la zona antártica y las Malvinas, lo que lo lleva a decir que "las actuales poblaciones fuego patagónicas son el resultado de (la) actividad plurinacional autónoma, la cual ignora, desvía o adapta la mentalidad nortina sobre la región".[104] Sofía Haller, por su parte, historia la Patagonia marítima atlántica (con énfasis en las actividades balleneras y científicas) y reposiciona el tema de Malvinas en el más amplio de la historia atlántica y ambiental.[105] La lectura de ambas obras nos permite construir una mirada sobre un proceso transnacional que abarca desde el siglo XIX hasta las décadas de 1910 y 1920, coincidente con la consolidación de los estados nacionales en la región: Argentina, Chile y el Imperio británico.

Resulta claro que desde el punto de vista de la investigación un objetivo analítico es el de superar el obstáculo político y epistemológico de la historia estatal-nacional. Un abordaje híbrido en su aproximación y su objeto, que permitirá que nos asomemos a la posibilidad de estudiar la historia del Atlántico, Malvinas y la Antártida con un enfoque trans y multinacional, que tenga en cuenta procesos sociales, culturales y económicos que se desarrollaron en el espacio que estudiamos, pero que pensamos dentro de la caja conceptual estatal nacional que sostiene un reclamo territorial. En definitiva, bajo la bandera del Estado-nación, Argentina y Chile, por ejemplo,

---

104 Joaquí Bascopé, *En un área de tránsito polar: Desde el establecimiento de líneas regulares de vapores por el Estrecho de Magallanes (1872) hasta la apertura del Canal de Panamá (1914)*, Villa Tehuelches, CoLibris, 2018, pág. 501.

105 Sofía Haller, *Balleneros, loberos y guaneros en Patagonia y Malvinas. Una historia ambiental del mar (1800-1914)*, Buenos Aires, Editorial SB, 2022.

estaban expandiendo las fronteras del capitalismo en un proceso que tenía escala mundial. Es limitado, entonces, plantear como anti imperialista una reivindicación de soberanía que tiene todos los elementos de los argumentos coloniales de apropiación (el primer avistaje, el *uti possidetis juris*, etc.) y que se restringe solo a estos e ignora procesos sociales más complejos. Si puede ser comprensible que tal contradicción se ponga en un segundo plano a la hora de pintar una pancarta o diseñar un cartel, no debería suceder tal cosa cuando ejercemos la labor crítico. O en todo caso, debemos advertir que deja de serlo.

El escaso conocimiento e idealización sobre la región austral en general y sobre las islas Malvinas en particular, no se ha modificado mucho desde mediados del siglo XX. Por el contrario, traumas sociales como la guerra de 1982 lo han fijado.

Quizás haya que empezar por lo más sencillo. Los investigadores argentinos podrían retomar una incipiente tradición cultural iniciada a mediados del siglo XX: visitar las islas Malvinas. Es verdad que hay una gran cantidad de impedimentos burocráticos, económicos y políticos, así como emotivos en algunos casos; pero no son límites insalvables. Y siempre se puede adoptar la actitud del viajero ante las fuentes, hasta que se pueda pisar el territorio.

Si bien repetimos como un mantra la noción de rupturas y continuidades como elementos a tener en cuenta en el análisis de los procesos históricos, lo cierto es que el conocimiento histórico circula básicamente en torno a los momentos de conflicto: guerras, catástrofes, revoluciones... ¿Qué pasaría con momentos menos espectaculares pero más importantes desde un punto de vista procesual? En particular, por ejemplo, estudiar y profundizar los vínculos construidos por el Estado Argentino con las Islas Malvinas a partir de los acuerdos de comienzos de la década de 1970. A partir de la declaración conjunta del 1° de Julio de 1971 entre el gobierno argentino y británico, ambas naciones pusieron la soberanía "bajo un paraguas" y avanzaron en todos los terrenos posibles más allá del conflicto. Entre otras medidas, los residentes en Malvinas recibirían del gobierno argentino un documento de viaje (la *whitecard*) sin identificación de nacionalidad, para entrar y salir libremente del territorio argentino. Los británicos se comprometían a establecer un servicio marítimo regular con Malvinas, mientras que los argentinos prestarían un servicio aéreo semanal de pasajeros, carga y correspondencia. Al comienzo, como no había aeródromo, se utilizaron hidroaviones. Pero al año siguiente, en 1972, la declaración se amplió: Argentina construiría un aeródromo e iniciaría vuelos regulares a las islas prestados por LADE (Líneas Aéreas del Estado) que abrió una oficina en Malvinas, al igual que se instaló una planta de YPF (Antares). Asimismo, llegaron a Malvinas maestras de español enviadas por el gobierno argentino. Los isleños pudieron viajar al continente a atenderse en hospitales, o enviar a sus hijos a hacer la escuela secundaria en colegios ingleses. La marina mercante argentina visitaba las islas.

Esos años de intensos intercambios a la pequeña escala del archipiélago entre las islas y ciudades como Comodoro Rivadavia aún esperan ser estudiados en profundidad. Disponemos de trabajos para la etapa previa, que exploran los múltiples nexos a escala micro entre las islas y lo que los malvinenses llaman "The Coast", es decir, la Costa, "el Continente".[106] O períodos de intensa acción vinculante, como las gobernaciones fueguinas de Ernesto Manuel Campos. Pero es aún un campo en construcción, a partir del esfuerzo de investigadores de universidades provinciales.

Son aproximaciones de enorme interés para la historia de la región. Pero el escaso interés o incorporación de sus registros a miradas más amplias se debe a dos cuestiones. En primer lugar, es la zona de los grises, de los puntos en común antes que los de evidente conflicto. Luego, porque arrojarían la evidencia del enorme retroceso que la guerra de 1982 provocó en relación con la construcción paciente y laboriosa por parte de los argentinos de vínculos pacíficos con las islas. Quizás porque llevaría, sin duda, a tomar en cuenta el punto de vista malvinense.

Una aproximación a "Malvinas" desde estos ejes llevaría a pensar de manera novedosa un problema añejo, e incidir en el pensamiento político argentino y en las (auto) representaciones como nación. Ampliar la mirada sobre Malvinas necesariamente llevará a que nos preguntemos el peso que aún tienen las representaciones de la Argentina elaboradas a finales del siglo XIX y sostenidas por el sistema educativo, la cultura y la política nacionales durante todo el siglo XX.

Argentina es uno de los países con mayor litoral marítimo y reclama para su soberanía no solo las islas Malvinas, eje de una disputa, sino millones de kilómetros cuadrados de superficie oceánica. Ahora bien, ¿cuál es el lugar de esa experiencia marítima, si existe, en la elaboración de historias provinciales, regionales, nacionales? ¿Somos, por caso, un país que se ima-

---

106 Pablo Navas, María de los Milagros Pierini, Pablo Beecher, Lucas Monzón y Yamile Cárcamo "Malvinenses en Santa Cruz: diálogo con la historia durante los siglos XIX y XX" en Marisa Moroni y otros, Reconfiguraciones territoriales e identitarias. Miradas de la historia argentina desde la Patagonia, Santa Rosa, UNLaPam, 2017.

gina de cara al océano, con todo lo que esto implica? ¿Qué lugar ocupan el mar, las costas, la pesca, los marinos, los puertos, la industria naval, en nuestras representaciones dominantes como país?

La silueta inconfundible del archipiélago encarna una causa nacional. Orientó nuestras miradas sobre Malvinas, hasta que se transformaron en un símbolo, más que de una porción del país, de la Argentina misma. ¿Hasta qué punto esa consolidación no congeló el pensamiento?

Epílogo

Llegamos al final de este ensayo que propuso una serie de preguntas hechas en voz alta para un problema complejo y frustrante, para pensar las consecuencias de subordinar muchas de nuestras herramientas conceptuales ante una cuestión que millares compatriotas consideran, si no urgente, al menos importante.

¿Qué efectos tiene, por ejemplo, pensarnos como "amputados" e incompletos? ¿Hasta cuándo ese dolor fantasma, la presencia del miembro amputado, incidirá en la forma en la que pensamos Malvinas? ¿De qué maneras una agenda de investigación podría problematizar el peso de la "historia nacional" para estudiar su historia y abrir espacios para pensar el espacio atlántico y a las Malvinas dentro de él de manera renovada? ¿No deberíamos pensar nuestros vínculos con las islas también dentro de la lógica de cuestionar una mirada macro cefálica sobre el pasado argentino? Más políticamente, ¿se puede denunciar una presencia colonial con la retórica colonial? ¿No hay contradicción allí? ¿Qué lugar tienen los otros –no ya los británicos, sino los isleños– en nuestras aproximaciones al problema? ¿Estamos dispuestos a abrirnos a esa pegunta?

El repliegue en la enunciación de que la justicia nos asiste, o de que el sacrificio de la guerra de 1982 fue justo aunque malversado es una zona de confort de la que debemos salir. No solo para resolver el conflicto austral, sino para revisar una forma de representarnos como nación que nos llevó a la guerra. Y quizás en una simplificación excesiva, a la masacre política de 1976-1983.

Recuperar el tiempo histórico significa colocar a la cuestión Malvinas y a la causa nacional nuevamente en el barro de la Historia, devolverles las dimensiones básicas, tiempo y espacio, y las personas que lo habitan, que les fueron drenadas en el análisis como aquellos sacerdotes egipcios preparaban a las momias para la vida eterna. Quitarle a la causa nacional los privilegios de la sacralidad para poder analizarla. Volverla terrenal al regresarle su historicidad, porque la negación del tiempo y la negación del espacio, devienen en la destrucción del pensamiento histórico.

Esto no se aplica solo al pasado, sino a la imaginación de un futuro. ¿Eso nos sucede solo con Malvinas?

La presencia de las islas en el imaginario argentino se basa en dos momentos traumáticos: una usurpación y una derrota. Tanto las formas en que la primera fue narrada por distintas corrientes políticas como la memoria vivida de la segunda dificultan pensar a las islas por fuera de esos hechos, que condensan sentimientos profundos y contradictorios. Pero la consecuencia es que tanto el archipiélago como su historia quedaron congelados en dos imágenes. Dejan de ser un espacio vivo y una película en construcción, porque está en movimiento, para transformarse en dos estampas religiosas del culto laico de la patria, alimentado desde 1982 por los muertos que entregaron la vida en su nombre de manera concreta.

Las islas, fragmento separado del cuerpo nacional, viven en un espacio atemporal sin que el paso del tiempo las afecte, sin que la historia que hemos vivido las haya mellado en su representación de cautivas, eternas hermanitas perdidas a las que sería más sensato comenzar a ver como sabinas raptadas. Pero ya lo explicó Tito Livio en aquel episodio clásico: consumado el rapto, preparados para la batalla, una vez en el campo ni romanos ni sabinos fueron los mismos.

La forma de narrar las Malvinas desde el despojo de 1833 las abstrajo de la conformación de la Argentina moderna. Solo en dos momentos puntuales (uno a estas alturas de ribetes míticos, el otro signado por la muerte y la marca de la dictadura) las islas se acercaron a nosotros. Esta construcción, dominante porque se corresponde con relatos hegemónicos sobre la historia nacional, es la que debe ser revisada para desarrollar nuevas herramientas en la disputa por la soberanía del archipiélago. Y no solo para eso, sino también para pensar de otro modo el país en el que vivimos.

Buena parte del estancamiento en la cuestión Malvinas, sin desconocer la situación fáctica de la presencia de una potencia colonial ocupando un espacio que no le pertenece, se debe a que nos referimos hoy al archipiélago con un repertorio conceptual anacrónico. No se trata de ignorar los títulos históricos que hacen a la posición argentina, ni las memorias del pasado reciente. Se trata de que en tanto despojados, derrotados y débiles, los argentinos estamos obligados a ser doblemente creativos: constatar y profundizar la idea de que el país que emergió del terrorismo de Estado y la guerra de 1982 no puede ser el mismo que antes de ambas experiencias, y que en consecuencia, ese país distinto que se sigue llamando Argentina debe pensar desde la experiencia construida a partir de esta de qué modos piensa a las Malvinas como parte de su comunidad. Más aún, de qué modo se piensa en el Atlántico.

"Malvinas", con su cantidad de significados, es un nudo convocante de las memorias argentinas. Implica hablar de las contradicciones y posibilidades que como sociedad tenemos. Pero el relato histórico nacional dominante sobre las islas aún refleja el país que pensó un grupo social triunfante a fines del siglo XIX, que basaba su "grandeza" en un papel concreto en el mercado mundial: agroexportadores. Cueros, carne, lanas, cereales, últimamente soja y minerales. Nunca peces, ni siquiera ballenas cuando aún se cazaban, para un país que reclama aguas riquísimas en esos recursos. Más aún, para algunos hoy el mar significa petróleo.

¿Qué efectos culturales tendría dejar de ver el mar desde la orilla? ¿Qué otras formas de relaciones con el mundo, de qué formas diferentes imaginaríamos nuestro lugar en la región, en el planeta?

El descentramiento en las miradas sobre Malvinas y el Atlántico, entonces, conllevan mucho más que liberar al pensamiento crítico del cepo patriótico y conceptual.

Si hay algo que no ha perdido "Malvinas" es su peso simbólico. Pero la eficacia con la que este sea utilizado públicamente es otra cosa, y muy diferente en la política interna que en la política exterior, cuando no deberían funcionar de manera disociada. Pero la imagen que encuentro para la actual situación es la siguiente. Decir "Malvinas" se parece a esos niños que juegan a manejar un auto con el motor apagado. La sensación de movimiento está, mueven el volante y disfrutan, pero el auto no se desplaza un milímetro.

Sucede que además de la usurpación británica, hay usurpaciones internas. Estamos en una zona de confort: lo más cómodo intelectualmente es la retórica del país despojado, la de los vencedores morales en una lucha desigual. Ambas son autocomplacientes. Si en la década de los noventa se hablaba de la "seducción" de los isleños, hoy hemos pasado al discurso que derrama palabras dulces en los oídos de la propia tribuna, la adulación de los propios. Es una situación que podría sostenerse indefinidamente en el tiempo, y útil para la política partidaria interna, pero cada vez nos aleja más de las islas, mientras en el mismo movimiento nos refuerza en lo ya conocido, hasta ritualizarlo y congelarlo. Si señalo que es útil en el plano interno, es porque instala, en situaciones de confrontación, una vara para medir a propios y ajenos.

La recuperación de la imaginación será posible si recuperamos la capacidad crítica y la democracia y pluralidad en el acceso al pasado. Pero en relación con Malvinas, por distintos mecanismos algunos actores han expropiado tanto el pasado como recortado los instrumentos para conocerlo. Es una expropiación que a la vez es extorsiva, ya que como vimos, se basa en elementos identitarios sagrados, la tierra y la sangre. Para algunos sectores, con el argumento de que los combates de 1982 fueron parte de una guerra "justa", "antiimperialista" y "patriótica", las trayectorias de muchos de los oficiales y suboficiales que participaron en ella no deberían ser revisadas, o en todo caso, no deberían ser determinantes para pensar la guerra, frente al "compromiso sagrado" o "mayor" que significa haber arriesgado o dado la vida por la patria. En la capacidad extorsiva de ese razonamiento radica el principal punto conflictivo de lo irresuelto en Malvinas: porque fue desde esa concepción "patriótica" que, antes de empeñarse en batalla en el Atlántico Sur, muchos militares participaron en la represión ilegal. En consecuencia, esta operación, que tiene por principal finalidad preservar la "causa nacional" amenazada por críticas consideradas "secundarias", implícitamente pone llave también a la posibilidad de avanzar en el juzgamiento y condena de los crímenes por violaciones a los derechos humanos, que son nodales para la profundización de la construcción de una sociedad democrática encarada con altibajos desde 1983.

Recuperadas la imaginación y la capacidad crítica, recién entonces, tal vez, será posible una política nacional que sostenga con dignidad y coherencia el reclamo ante los británicos.

Si alguna duda tenía acerca de encarar un nuevo libro sobre Malvinas, una propaganda institucional que vi hace unos días me confirmó en mi voluntad de hacerlo.

El 14 de junio de 2021 el Ministerio de Defensa de la República Argentina difundió un video institucional con motivo de un nuevo aniversario del final de la guerra de 1982 por las Islas Malvinas.[107] Era una pieza más en el marco de las conmemoraciones que se preparan para el aniversario de los cuarenta años del conflicto, marcadas por una "vigilia malvinera" iniciada el 2 de abril del mismo año y la expresa y loable voluntad de homenaje del Estado nacional a quienes combatieron en las islas contra los británicos.

Pero…

---

107 https://www.youtube.com/watch?v=V584mjHoVlQ&t=41s

El video aplana la Historia. A una imagen satelital del archipiélago, sigue la frase: "Quisimos recuperarlas, y fuimos a la guerra", y a continuación escenas bélicas de archivo. Luego, otra aseveración: "Todos fuimos", con el escenario de una Plaza de Mayo colmada. A continuación, la voz en off enumera algunas situaciones vividas: el envío de cartas, la espera en las trincheras, y luego, la afirmación tajante de que "Volvernos (de las islas) fue muy duro y en la confusión nos desencontramos". El video finaliza diciendo que el día de la recuperación "Llegará", tarde o temprano.

Hay aquí una síntesis de lo que Malvinas encarna y del problema en el que nos encontramos. Comencemos por el final: las islas ocupadas por Gran Bretaña, tarde o temprano serán recuperadas. Tan sagrada es esa verdad, nos dice el video de una fuerza política que en sus orígenes hizo de la revisión del pasado dictatorial una bandera, que como "queríamos recuperarlas", la guerra se justifica ("y fuimos a la guerra"). Más aún, "fuimos todos".

Esta última afirmación puede leerse de dos maneras: en el sentido de que todos (la sociedad argentina) vivimos la guerra, lo que es cierto en términos de experiencia históricas. Pero más preocupante, es el mensaje subyacente de que "fuimos" todos en el sentido de la responsabilidad. Pues eso diluye responsabilidades e impide, precisamente, los homenajes. Quienes habitábamos este país en 1982, no fuimos igualmente responsables de la guerra y, en consecuencia, no podemos ser juzgados de la misma manera.

El aplanamiento de la Historia, la anulación de la pregunta crítica, es una de las constataciones que este libro pretende impugnar y señalar como empobrecedoras. Es difícil, porque el video también expresa una idea de fuerte arraigo: Malvinas es un punto de encuentro: tras la derrota, "nos desencontramos". Otra vez, puede ser leída literalmente: muchos veteranos de guerra lamentan amargamente lo que consideran políticas de olvido, pero también, perder el eje de la "argentinidad" que expresan las Malvinas son la causa de las divisiones nacionales. Por oposición, la unidad en esa causa refuerza nuestra casa común.

El video mostró el vigor de algunas ideas fuerza sobre la guerra, y a la vez sobre el conflicto diplomático de larga data, que este libro se propone, por lo menos, someter a discusión. Y si algo necesitaba para convencerme de emprender una vez más la tarea de pasar a contrapelo el peine de la Historia, fue verlo. Porque no creo que la Historia de lecciones de nada, pero sí, en cambio, que es una formidable cantera tanto de ejemplos como de advertencias, a veces encarnadas en las mismas personas y acontecimientos. Una persona, una guerra, un archipiélago, pueden condensar los claroscuros de una sociedad.

Si la experiencia de guerra une a los argentinos, en el caso de los combatientes en particular no es cierto que sean todos iguales. No solo por su actuación en las islas, que no somos quiénes para juzgar más que ellos mismos. Sí, en cambio, para encontrar un sentido legítimo a la guerra. No puede haber legitimidad en una decisión de un gobierno ilegítimo, pero esa misma asunción nos puede ayudar a comprender el enorme retroceso que la guerra produjo y poner en un cuadro de aún mayor respeto a quienes fueron a combatir cumpliendo un deber cívico. La experiencia de la breve guerra de 1982 no puede abstraerse de aquella más amplia de la dictadura militar. Hay una trampa conceptual, tan falaz como aquellos volantes que repartieron las tropas argentinas a los isleños en los que, llegando del Continente donde había campos de concentración, un sol radiante entre cintas celestes y blancas les garantizaba que "tenían derecho a vivir en libertad".

La experiencia de guerra a escala humana y la reivindicación y reconocimiento de ese sacrificio no puede anular ni la reflexión histórica sobre el período ni, más ampliamente, sobre nuestros vínculos con Malvinas. Más bien, realza la figura de quienes combatieron porque debieron afrontar, también, el rápido esfuerzo de desentendimiento social, que no de olvido, de la violencia que había tolerado y con la que había convivido durante tantos años.

Antes de este aniversario, el 14 de junio de 2021, aún pensaba qué podía agregar a las discusiones sobre el tema. Me preguntaba, me pregunto, cuál será el tono de la recordación de los cuarenta años del conflicto bélico de 1982. ¿Cómo se prepara un país para conmemorar el aniversario de una guerra que perdió? ¿Cuál debería ser el tono? ¿Qué deberíamos decir?

El Estado argentino puede y debería recordar, agradecer y pedir perdón. El esfuerzo y sacrificio de sus combatientes, de aquellos que no están manchados con sangre de compatriotas, solo podrá ser reconocido cuando a la vez la sociedad reconozca las condiciones históricas de esa guerra, asuma una responsabilidad colectiva como trabajosamente aún no termina de hacer en relación con las violaciones a los derechos humanos.

Es posible honrar a los combatientes sin reivindicar aquella guerra. Es, como tantas otras decisiones y enunciados, una toma de posición.

Este libro, en cuanto a Malvinas y la guerra que la adhesión a esa causa nacional produjo, también lo es.

Bibliografía citada

Anderson, Benedict, *Comunidades imaginadas*, Buenos Aires, FCE, 1993.

Bandieri, Susana, *Historia de la Patagonia*, Buenos Aires, Sudamericana, 2005.

Bascopé, Joaquín, *En un área de tránsito polar: Desde el establecimiento de líneas regulares de vapores por el Estrecho de Magallanes (1872) hasta la apertura del Canal de Panamá (1914)*, Villa Tehuelches, CoLibris, 2018.

Brienza, Hernán, *Valientes. Crónicas de coraje y patriotismo en la Argentina del siglo XIX*, Buenos Aires, Marea, 2011.

Caillet-Bois,Ricardo, *Una tierra Argentina. Las Islas Malvinas* Buenos Aires, Academia Nacional de la Historia, 1982.

Chao, Daniel, ¿Qué hacer con los héroes? Los veteranos de Malvinas como problema de estado, Buenos Aires, SB, 2021.

Chiaramonte, José Carlos, *Usos políticos de la historia. Lenguaje de clases y revisionismo histórico*, Buenos Aires, Sudamericana, 2013.

Day, David, *Conquista. Una nueva historia del mundo moderno*, Barcelona, Crítica, 2006.

Destefani, Laurio H., *Malvinas, Georgias y Sandwich del Sur, ante el conflicto con Gran Bretaña*, Buenos Aires, 1982.

Esteban, Pablo, *El campo azul. Un viaje por la geopolítica del Mar Argentino*, Buenos Aires, Capital Intelectual, 2021.

Falkland Islands Government, *Nuestras Islas, Nuestra Historia*, Port Stanley, 2013.

Falkland Islands Government, *Nuestras islas. 35 años de progresos*, Port Stanley, 2017.

Fontana, Pablo, *La pugna antártica. El conflicto por el sexto continente 1939-1959*, Buenos Aires, Guazuvira, 2014.

Gambini, Hugo (director), *Crónica documental de las Malvinas*, Buenos Aires, Redacción, 1982, 2 tomos.

Ginzburg, Carlo, *El juez y el historiador. Consideraciones al margen del proceso Sofri*, Madrid, Anaya y Mario Muchnik, 1993.

Ginzburg, Carlo, *El hilo y las huellas: lo verdadero, lo falso, lo ficticio*, Buenos Aires, FCE, 2010.

González, Martín Abel, *La génesis del enfrentamiento por las Islas Malvinas. El proceso de Descolonización y las negociaciones fallidas de 1964.1968*. Buenos Aires, Lajouane, 2015.

Guber, Rosana, *Por qué Malvinas. De la causa nacional a la guerra absurda*, Buenos Aires, FCE, 2001.

Halperín Donghi, Tulio, *Una nación para el desierto argentino*, Buenos Aires, CEAL, 1995.

Haller, Sofía, *Balleneros, loberos y guaneros en Patagonia y Malvinas. Una historia ambiental del mar (1800-1914)*, Buenos Aires, SB, 2022.

Hernández, José, *Las Islas Malvinas*, Buenos Aires, Corregidor, 2006.

Pablo Hernández y Horacio Chitarroni, El gaucho Rivero, Héroe de las Malvinas, Buenos Aires, Ediciones Flor de Ceibo, 1982

Huyssen, Andreas, *El busca del futuro perdido. Cultura y memoria en tiempos de globalización*, Buenos Aires, FCE, 2007.

Kohen, Marcelo y Rodríguez, Facundo, *Las Malvinas entre el Derecho y la Historia. Refutación del folleto británico "Más allá de la historia oficial. La verdadera historia de las Falklands/ Malvinas"*, Salta y Buenos Aires, EUnSa y EUDEBA, 2015.

Leguizamón Pondal, Martiniano, *Toponimia criolla en las Malvinas*, Buenos Aires, Editorial Raigal, 1956.

Lois, Carla, Terrae Incognitae. *Modos de pensar y mapear geografías desconocidas*, Buenos Aires, EUDEBA, 2019.

Lorenz, *La llamada. Historia de un rumor de la posguerra de Malvinas*, San Miguel de Tucumán, EDUNT, 2017.

Lorenz, Federico, *Las guerras por Malvinas. Edición definitiva*, Buenos Aires, Edhasa, 2022.

Migone, Mario Luis, *33 años de vida Malvinera*, Buenos Aires, Club de Lectores, 1948.

Ministerio de Educación de la Nación, *Las islas Malvinas. Edición facsimilar de la obra de 1936*, Buenos Aires, 2015.

Ministerio de Educación, *Pensar Malvinas. Una selección de fuentes documentales, testimoniales, ficcionales y fotográficas para trabajar en el aula*, Buenos Aires, 2009. Disponible en http://educacionymemoria.educ.ar/secundaria/wp-content/uploads/2011/01/pensar_malvinas.pdf

Moneta, José Manuel, *¿Nos devolverán las Malvinas?... Los actuales problemas malvineros*, Buenos Aires, Gráfica Super, 1970.

Moreno, Juan Carlos, *Nuestras Malvinas y la Antártida. Viaje de estudio y observación becado por la Comisión Nacional de Cultura*, Buenos Aires, Junta de Recuperación de las Malvinas, 1948 (4ª. edición).

Muñoz Azpiri, José, Luis, *Historia completa de las Malvinas*, Buenos Aires, Editorial Oriente, 1966. Tres tomos.

Palacios, Alfredo, *Las Islas Malvinas. Archipiélago argentino. Alegato del senador Alfredo L. Palacios en el parlamento, sosteniendo el derecho de la Argentina a la soberanía de las Islas Malvinas.*1934, publicada por Claridad, con prólogo del profesor de Historia del Derecho Jorge Cabral Texo.

Palermo, Vicente, *La vida breve de Dardo Cabo: Pasión y tragedia del peronismo plebeyo*, Buenos Aires, Siglo XXI, 2021.

Palermo, Vicente, *Sal en las heridas. Las Malvinas en la cultura argentina contemporánea*, Buenos Aires, Sudamericana, 2007.

Picco, Ernesto, *Soñar con las Islas. Una crónica de Malvinas más allá de la guerra*, Rosario, Prohistoria ediciones, 2020.

Pirenne, Henri, *Mahoma y Carlomagno*, Barcelona, Alianza Editorial, 2019.

Rojas, Ricardo, *Archipiélago: Tierra del Fuego*, Ushuaia, Südpol, 2014.

Solari Yrigoyen, Hipólito, *Así son las Malvinas*, Buenos Aires, Librería Hachette, 1959.

Speranza, Graciela y Cittadini, Fernando, *Partes de guerra. Malvinas 1982*, Buenos Aires, Edhasa, 2005.

Terragno, Rodolfo, *Historia y futuro de las Malvinas*, Buenos Aires, Librería Histórica, 2006.

Tesler, Mario, *El gaucho Antonio Rivero. La mentira en la historiografía académica*, Buenos Aires, Peña Lillo, 1971.

Viñas, David, *Indios, ejército y frontera*, Buenos Aires, Santiago Arcos Editor, 2013.

Artículos y capítulos de libros

Academia Nacional de la Historia, "Comunicación histórica", agosto de 1972, publicada en Papirus, Año VII N° 22, enero-junio 1982.

Chávez, Fermín, "Antonio Rivero, sargento de Patricios", en *Clarín*, 8 de abril de 1982.

Juan Bautista Duizeide, "Escrito sobre el agua", en María Pía López, *Desierto y nación 1. Lenguas*, Buenos Aires, Caterva Editorial, 2017.

Jorge Giles, "El Gaucho Rivero: un Eternauta en las Malvinas", en *Sur*, 26 de agosto de 2012.

Eric Hobsbawm, "La Historia de la identidad no es suficiente", en *Sobre la Historia*, Barcelona, Crítica, 1998.

Lorenz, Federico, "Apuntes para una agenda de investigaciones para Malvinas y el Atlántico Sur", en *Fuegia. Revista de Estudios Sociales y del Territorio*, Volumen IV - Número 1, Ushuaia, UNTDF, 2021.

Lorenz, Federico, "Visita a un sentimiento nacional. El Museo Malvinas e Islas del Atlántico Sur", en AAVV, Investigación, transferencia y gestión em museos históricos, Cuadernos del Instituto Ravignani, Buenos Aires, FFyL, Universidad de Buenos Aires, 2021.

Lorenz, Federico, "Veinte mil argentinos en un barco. Cartas de voluntarios para poblar las islas recuperadas, abril de 1982", en *Corpus. Archivos virtuales de la alteridad americana, Vol. 4, N°1, 1er. semestre 2014.*

Navas, Pablo, Pierini, María de los Milagros, Beecher, Pablo, Monzón, Lucas y Cárcamo, Yamile, "Malvinenses en Santa Cruz: diálogo con la historia durante los siglos XIX y XX" en Marisa Moroni y otros, *Reconfiguraciones territoriales e identitarias. Miradas de la historia argentina desde la Patagonia*, Santa Rosa, UNLaPam, 2017.

Rubio García, Gonzalo, "Las posturas intelectuales y políticas en torno al reclamo de las Islas Malvinas (1920-1940)". En María Inés Tato y Luis Esteban Dalla Fontana, *La cuestión Malvinas en la Argentina del Siglo XX. Una historia social y cultural*, Rosario, Prohistoria, 2020.

Fabio Wasserman	En el barro de la historia. Política y temporalidad en el discurso macrista.
Daniel Chao	¿Qué hacer con los héroes? Los veteranos de Malvinas como problema de Estado.
Leonardo Hirsch	La consagración de los partidos. Política y representación en la provincia de Buenos Aires, 1870-1900.
Maurizio Gribaudi	París ciudad obrera. Una historia oculta, 1789-1848.
Luc Capdevila Guido R. Alcalá	Nueva Burdeos. Una colonia francesa en el Paraguay, 1854-1856.
Sofía Haller	Balleneros, loberos y guaneros en Patagonia y Malvinas. Una historia ambiental del mar, 1800-1914.
Matías Rodrigo Chávez	Mercachifles y bolicheros turcos. Inmigrantes árabes en la Patagonia norte (1900-1955).